Management von Luxusmarken

Markt-Management

Herausgegeben von Prof. Dr. Axel Eggert†,
Prof. Dr. Wolfgang Müller, Prof. Dr. Jan-Philipp Büchler
und Prof. Dr. Konrad Zerr

Band 9

PETER LANG

Frankfurt am Main · Berlin · Bern · Bruxelles · New York · Oxford · Wien

Susanna Wassel

Management von Luxusmarken

Konzeption und Best Practices

PETER LANG

Internationaler Verlag der Wissenschaften

Bibliografische Information der Deutschen Nationalbibliothek
Die Deutsche Nationalbibliothek verzeichnet diese Publikation in
der Deutschen Nationalbibliografie; detaillierte bibliografische
Daten sind im Internet über http://dnb.d-nb.de abrufbar.

Umschlaggestaltung:
Olaf Glöckler, Atelier Platen, Friedberg

Logo auf dem Umschlag von Wolfgang Müller

ISSN 1432-914X
ISBN 978-3-631-60775-6

© Peter Lang GmbH
Internationaler Verlag der Wissenschaften
Frankfurt am Main 2013
Alle Rechte vorbehalten.

www.pcterlang.de

Vorwort

Unternehmen sind in vielfältiger Weise mit dynamischen Marktumwelten verzahnt, deren Rahmenbedingungen den betrieblichen Entscheidungsprozess nachhaltig beeinflussen. Dieser Herausforderung hat sich insbesondere auch das Marketing-Management zu stellen. Dessen Aufgabenstellung besteht vornehmlich darin, die auf relevante Absatzmärkte ausgerichteten Unternehmensaktivitäten mit einem komparativen Konkurrenzvorteil, d.h. einem wettbewerbsüberlegenen Kundennutzen („unique marketing proposition) auszustatten, um die angestrebten psychographischen Marketingziele (z.B. Markenbekanntheit, Markenpräferenz, Kundenzufriedenheit) sowie ökonomischen Zielsetzungen (z.B. Absatzmenge, Marktanteil, Deckungsbeitrag) bestmöglichst zu erreichen.

Für die Anbieter von Luxusmarken, mit denen sich die vorliegende Schrift befasst, bilden der Aufbau sowie die kontinuierliche Pflege von Markenpersönlichkeiten den unverzichtbaren Grundpfeiler des Markterfolges. Starke Luxusmarken bieten Nachfragern eine Orientierungs-, Vertrauens- und Prestigefunktion, gewährleisten den Absatzmittlern eine Einkaufsstättenprofilierung und ermöglichen es somit auch den Markenherstellern, über intensive Investitionen in die Markenführung dauerhaft höhere Preise durchzusetzen sowie Gewinne zu erzielen. Solcherart erfolgreiche Luxusmarken zeichnen sich u.a. durch einen hohen Bekanntheitsgrad sowie durch prägnante, positive Assoziationen (z.B. Vertrauen, Sympathie, Einzigartigkeit) im Urteilsbild von Nachfragern aus. Darüber hinaus ist bei Luxusmarken ein besonderes Augenmerk darauf zu lenken, dass diese nicht nur einen wettbewerbsüberlegenen Grundnutzen (z.B. Funktionstüchtigkeit, Verarbeitungsqualität) anbieten, sondern gleichermaßen mit zusätzlichen emotionalen, sozialen, ästhetischen oder lebensstilbezogenen Wertvorstellungen verknüpft werden, um den facettenreichen Bedürfnisstrukturen von Nachfragern umfassend zu entsprechen.

Eine erfolgreiche Markenführung beruht auf einem integrierten Markenmanagement, das den Gegenstand der vorliegenden Arbeit darstellt. Mit dieser verbindet sich daher das Anliegen, den an markenbezogenen Fragestellungen interessierten Leserkreis mit den drei grundlegenden Entscheidungsfeldern des Markenmanagements vertraut zu machen. Diese beinhalten Entscheidungen über die Markenpositionierung (z.B. Nutzenprofil des Markenkerns), die Markenstruktur (z.B. Einzelmarkenstrategie) sowie die Markierungspolitik (z.B. Markenzeichen). Hierbei beabsichtigt es die Verfasserin nicht, in Konkurrenz zu den etablierten Schriften der Fachliteratur zum Markenmanagement zu treten. Vielmehr unterliegen die Ausführungen der Zielsetzung, im Sinne eines praxisnahen Marketings die zahlreichen Ansatzpunkte des Markenmanagements erfolgreicher Luxusmarken aufzuzeigen. In didaktischer Hinsicht ist die Schrift durch einen leserfreundlichen Sprachstil, verständnisunterstützende Abbildungen und vielfältige, aussageträchtige Unternehmensbeispiele gekennzeichnet.

Ein besonderer Dank gebührt an dieser Stelle Herrn Dr. Hermann Ühlein vom Lektorat des Peter Lang Verlages für die vorbildliche und konstruktive Autorenbetreuung.

Dortmund, im April 2011   Prof. Dr. Wolfgang Müller

Inhaltsverzeichnis

Abbildungsverzeichnis

Tabellenverzeichnis

Abkürzungsverzeichnis

Abb.	Abbildung
AG	Aktiengesellschaft
Bd.	Band
BMW	Bayerische Motoren Werke
CEO	Chief Executive Officer (zu deutsch: Vorsitzender der Geschäftsleitung)
Co.	Compagnie
d.h.	das heißt (i.e. = id est)
DKNY	Donna Karan New York
f.	folgende (Seite)
ff.	fortfolgende (Seiten)
Hrsg.	Herausgeber (ed. = editor)
Kap.	Kapitel
LVMH	Louis Vuitton, Moët Hennessy
M.A.C.	Make-up Art Cosmetics
Nr.	Nummer
o. S.	ohne Seitenangabe
o. V.	ohne Verfasserangabe
S.	Seite (p. = pagina)
Tab.	Tabelle
TV	Television
u. a.	unter anderem
USA	United States of America (Vereinigte Staaten von Amerika)
vgl.	vergleiche (cf. = confer)
Vol.	Volume
VW	Volkswagen
YSL	Yves Saint Laurent
z. B.	zum Beispiel

1 Einleitung

1.1 Aktualität des Themas

Luxusmarken genießen ansehnliche Aufmerksamkeit von Konsumenten wie von Marketingverantwortlichen. Schon seit den 80er Jahren besteht diese große Euphorie für Luxusprodukte, der es zu verdanken ist, dass der Luxusgütermarkt stetig wächst. Anfang der 90er Jahre förderte zudem der Wirtschaftsboom in Asien und der durch die Entstehung der „New Economy" begünstigte schnelle finanzielle Aufstieg breiter Mitarbeiterschichten die Nachfrage nach Luxusmarken (vgl. Lasslop 2002, S. 328). Jahrzehnte war der Markt für Luxusmarken unangefochten an der Spitze und begeisterte mit einzigartigen Wachstumsraten (vgl. Belz 1994, S. 646; Dubois/Paternault 1995, S. 69).

Jedoch gingen auch an dieser starken Industrie die Ereignisse der letzten Jahre nicht spurlos vorüber. Durch die sinkenden Aktienkurse und die weltweite Rezession Ende 2000 verzeichnete auch die Luxusgüterindustrie ihre ersten tiefen Umsatzeinbrüche. Die Gucci-Aktie, die im August 2000 noch zwischen 110 und 120 Euro notiert wurde, sank durch die Rezession auf nur 90 Euro ab. Zur selben Zeit fielen auch die Anteile von LVMH und Hermès, und bei Bulgari stürzten die Anteile sogar von bis zu 14 Euro auf nur 5 Euro ab (vgl. Mazzalovo 2003, S. 84). Bedingt durch die Terroranschläge am 11. September 2001, den Irak-Krieg und die in Asien und Amerika stark verbreitete Lungenkrankheit SARS im Jahre 2003 nahm der weltweite Tourismus erheblich ab und bescherte den Luxusmarken-Herstellern somit erneut starke Umsatzrückgänge. Die sonst so kaufkräftige Kundschaft aus Japan und Amerika, die fast zwei Drittel der weltweiten Luxusprodukte kauft, ging deutlich zurück (vgl. o. V. 2002, S. 65). Hinzu kam die Weltwirtschaftskrise im Jahre 2009. Laut dem Handelsjournal blieb das Wachstum von vielen der untersuchten Luxusmarken-Herstellern unter 5 Prozentpunkten, und die Hälfte aller untersuchten Unternehmen musste einen Ergebnisrückgang von mehr als 15 Prozent verzeichnen (vgl. o. V. 2010a, o. S.).

Trotz dieser Ereignisse in den letzen 10 Jahren, sind Luxusmarken heute gefragter als je zuvor (vgl. Rimmele/Wildberger 2010, S. 1). Mit einem geschätzten globalen Marktumsatz von 168 Milliarden Euro und einem Wachstum von rund 10 Prozent (vgl. Sonnenschein 2010, S. 37) genießt der Luxussektor mehr Bedeutung als jedes andere Marktsegment. Dieser erneute Aufschwung demonstriert, dass Luxusmarken im Verhältnis zu anderen Marken in der Lage sind, sich leichter binnen kurzer Zeit von Verlusten zu erholen.

Gründe für diese schnelle Erholung lassen sich in dem Aufbau wie in der Führung der Luxusmarken wiederfinden. Um diese Anbieterautorität, in der sich Luxusmarken wie Porsche, Louis Vuitton oder Dom Perignon sonnen dürfen, allerdings zu erreichen, müssen im strategischen sowie operativen Markenmanagement zunächst eine Anzahl an wichtigen Entscheidungen getroffen werden. Häufig bedarf der Aufbau einer gewissen Zeit, um die Kraft und Symbolik zu schaffen, die viele erfolgreiche Luxusmarken ausmacht. Um es in den Worten von Bernard Arnault, Konzernchef der LVMH-Gruppe zu sagen: "You need at least 30 years to build such a brand. But when you have got some, you can resist any crisis" (o. V. 2002, S. 68).

1.2 Zielsetzung der Arbeit

Vor dem Hintergrund dieser Entwicklungen scheint eine detaillierte wissenschaftliche Auseinandersetzung mit dem Management von Luxusmarken angebracht. Die zentrale Zielsetzung der vorliegenden Arbeit besteht somit darin, einen umfassenden Einblick in die unterschiedlichen strategischen und operativen Entscheidungsfelder des Markenmanagements zu liefern. Das Markenmanagement wird neben dem Innovationsmanagement und dem Management der am Markt bereits etablierten Produkte als dritter wichtiger Teilbereich der Produktpolitik angesehen. Als seine zentralen Entscheidungsfelder werden dabei die Markenarchitektur, die Markenpositionierung sowie die Markierungspolitik aufgefasst, die in strategische und operative Bestandteile des Markenmanagements aufgeteilt werden können. Im Rahmen dieser Arbeit sollen nun diese Entscheidungsfelder hinsichtlich ihrer unterschiedlichen Facetten erläutert und mit Hilfe von Best-Practice-Beispielen aus dem Luxussegment veranschaulicht werden.

1.3 Gang der Arbeit

Die Vorgehensweise der vorliegenden Arbeit zur Erreichung der Zielsetzung ist in fünf Hauptkapitel aufgegliedert und gestaltet sich wie folgt: Das erste leitet in die Problemstellung ein. Hierbei wird die Aktualität des Themas aufgegriffen, die genaue Zielsetzung der Arbeit beschrieben und die Vorgehensweise erläutert.

Im darauffolgenden zweiten Kapitel erfolgt die Darlegung der konzeptionellen Grundlagen der Arbeit, wobei in Kapitel 2.1 die definitorische Einordnung der Luxusmarken vorgenommen wird. In diesem Zusammenhang wird zusätzlich auf die inhaltliche Abgrenzung zwischen den Luxus- und den Premiummarken eingegangen, da diese beiden Begriffe in der Literatur fälschlicherweise immer wieder synonym verwendet werden. Im Anschluss daran werden in Kapitel 2.2 die Funktionen der Luxusmarken aus Anbieter- wie auch aus Nachfragersicht behandelt und in Kapitel 2.3 die unterschiedlichen Kaufmotive für Luxusmarken näher erläutert, während in Kapitel 2.4 dann eine kurze Abgrenzung der einzelnen Luxussegmente vorgenommen wird. Das Eingehen auf die Ziele und wesentlichen Entscheidungstatbestände der Markenführung in Kapitel 2.5 vervollständigt schließlich die konzeptionellen Grundlagen.

In Kapitel 3 steht die Thematisierung des strategischen Markenmanagements im Mittelpunkt der Betrachtung. Dazu werden in Kapitel 3.1 die statischen Markenstrategien und anschließend in Kapitel 3.2 die dynamischen Markenstrategien analysiert und auf ihre wesentlichen Vor- und Nachteile hin untersucht. Im Anschluss daran betrachtet Kapitel 3.3 die unterschiedlichen Markenanreicherungsoptionen. Neben der Markenarchitektur, die in den ersten drei Punkten dieses Hauptkapitels erläutert wird, findet in Kapitel 3.4 die Darstellung des zweiten zentralen Entscheidungsfeldes im Rahmen des Markenmanagements statt, der Markenpositionierung. Hierbei werden die Markenidentität, der Markennutzen sowie die Markenpersönlichkeit spezifiziert. Zudem werden die unterschiedlichen Punkte durch aktuelle Beispiele aus dem Luxussektor komplettiert.

Der Inhalt des vierten Kapitels rückt das operative Markenmanagement in den Vordergrund. Dabei wird das dritte zentrale Entscheidungsfeld des Markenmanagements behandelt – der Markenauftritt. Hierfür werden in Kapitel 4.1 zunächst die verschiedenen Markierungselemente erläutert, die die Basis für die anschließende Durchsetzungsfähigkeit der Marke bilden. Im darauffolgenden Kapitel 4.2 wird auf das Kommunikative Branding eingegangen. Vervollständigt wird Kapitel 4 schließlich mit dem Punkt 4.3, in dem die einzelnen Besonderheiten der Vertriebs- und Preispolitik bei Luxusmarken aufgeführt und mit Beispielen belegt werden.

Den Abschluss der Arbeit bildet schließlich das fünfte Kapitel, in dem die zentralen Ergebnisse zusammengefasst werden.

2 Konzeptionelle Grundlagen des Luxusmarken – Managements

2.1 Definitorische Grundlagen

Obwohl in Europa und den USA viele erfolgreiche Luxusmarken hervorgebracht wurden, ist die Definition der Luxusmarke in der Literatur immer noch sehr verschwommen (vgl. Kapferer 2001, S. 347). Eine wesentliche Frage in diesem Kontext ist daher, was man überhaupt als Luxusmarke bezeichnen kann. Viele Markenführer versuchen ihre Produkte als Luxusprodukte zu vermarkten, und so lassen sich heute nahezu auf jedem dritten Produkt die Worte „Luxus" oder „Premium" finden (vgl. Chevalier/Mazzalovo 2008, S. xi; Reitzle 2001, S. 94). Zusätzlich werden durch die zunehmende Massenfertigung in jeder Produktkategorie so viele Güter gefertigt, dass ihre Exklusivität verloren geht und die Produkte somit eher zu Alltags- als zu Luxusgütern zählen. Um Luxusprodukte dennoch abgrenzen zu können, bezeichnet man in diesem Rahmen als solche nur Produkte, die einen Luxusmarkennamen tragen. So werden beispielsweise Herrenanzüge und Armbanduhren erst zu Luxusprodukten, wenn auf dem Anzug Armani und auf der Armbanduhr Cartier steht (vgl. Lasslop 2002, S. 332; Dubois/Paternault 1995, S. 71). Es ist aber nicht allein der Name bzw. der Wortzusatz, der aus dem Produkt ein Luxusprodukt macht, sondern auch ihre einzigartigen Eigenschafts- und Nutzenbündel, über die die Luxusmarken verfügen (vgl. Dubois/Paternault 1995, S. 69ff.; Reitzle 2001, S. 94f.). Um den Begriff der Luxusmarke ein wenig zu vereinheitlichen, wird im Folgenden auf einige Definitionsansätze eingegangen.

Im allgemeinen Sinne werden Produkte dann als Luxusprodukte angesehen, wenn ihre Gesamtheit oder ihre einzelnen Elemente Eigenschaften aufweisen, die deutlich über den Bereich des Nötigen und Nützlichen hinausgehen. Luxusmarken sind oft speziell und manchmal geradezu unnütz, doch sie lösen aufgrund ihrer oft einzigartigen Eigenschaften bei Konsumenten Begehren aus (vgl. Belz 1994, S. 646). Dadurch sind Luxusmarken in der Lage, eine starke emotionale Bindung herzustellen und so in den Köpfen der Konsumenten bestimmte Assoziationen hervorzurufen, mit deren Hilfe sie sich von allen anderen Marken auf dem Markt absetzen können (vgl. Aaker/Joachimsthaler 2001, S. 61ff.; Gardini 2007, S. 122; Lasslop 2002, S. 332).

Im Gegensatz zu klassischen Marken werden die Grundfunktionen bei Luxusmarken als selbstverständlich angesehen. Vordergründig ist bei Luxusmarken meist der Hauch von Exklusivität oder Perfektion, der mit der Marke mitgeliefert wird und für den die Nachfrager bereit sind, einen viel höheren Preis zu zahlen (vgl. Belz 1994, S. 646). Während bei klassischen Marken folglich vor allem die technisch-funktionalen Funktionen im Vordergrund stehen, werden mit der Luxusmarke oft Wertvorstellungen verbunden. So treten Grundvoraussetzungen wie Orientierungshilfe (= Identifikation der Marke) und Sicherheitsfunktionen (= Vertrauen in die technischfunktionale Qualität) bei Luxusmarken hinter die Prestige- oder Differenzierungs- und Demonstrationsfunktion zurück (vgl. Lasslop 2002, S. 332). Luxusmarken werden daher insbesondere erworben, weil sie Begehrlichkeit wecken, ein Quali- tätsversprechen geben und ein Prestigegefühl vermitteln. So betonen auch Dubois und Paternault (1995), dass Luxusmarken, mehr als alle anderen Marken, vor allem wegen ihrer Stellung gekauft werden und nicht aufgrund ihrer Funktionalität (vgl. Dubois/Paternault 1995, S. 71). Es sind vor allem die vielen emotionalen Assozia- tionen, die die Luxusmarken für Nachfrager so interessant machen. Menschen kön- nen sich mit einer Marke ausdrücken und dadurch ihre eigene Persönlichkeit un- terstreichen. So kann beispielsweise ein Herr, der einen Armani-Anzug trägt, zei- gen, dass er einen edlen und stilvollen Geschmack hat, während eine junge Frau durch den Kauf eines Kleides von Alexander McQueen ihren ausgefallenen Ge- schmack präsentieren kann (vgl. Aaker/Joachimsthaler 2001, S. 63f.; Lasslop 2002, S. 332).

Darüber hinaus werden Luxusmarken als Kennermarken gehandelt. Sie stellen eine Art Geheimtipp dar, der nur für einen bestimmten Kreis von Menschen gedacht ist. Dieser Charakter, nur wenigen zugänglich zu sein, steuert zusätzlich dazu bei, dass diese Marken als so besonders, exklusiv und elitär angesehen werden (vgl. Belz 1994, S. 647ff.). Bei Luxusmarken ist es so, dass sie im Gegensatz zu anderen Mar- ken mit steigendem Bekanntheitsgrad an Wert verlieren. Je bekannter eine Luxus- marke also ist und je zugänglicher sie anderen wird, umso mehr verliert sie aus Sicht ihrer Kunden an Wert und Kraft (vgl. Belz 1994, S. 647ff.). Damit die Lu- xusmarke ihr Exklusivitäts- und Prestigeniveau langfristig hervorheben kann, spielt zusätzlich die Preis- und Vertriebspolitik bei der Führung von Luxusmarken eine erhebliche Rolle (vgl. Kap. 4.3).

Bei der hier erläuterten Sichtweise wird nicht genau zwischen der Luxusmarke und den unter ihr vermarkteten Produkten unterschieden (vgl. Lasslop 2005, S. 473). Das Produkt wird vielmehr in Bezug auf den Markenkern beurteilt und nicht von der Produktkategorie abhängig gemacht. Angesichts des daraus resultierenden Ge- dankenkonzepts haben Dubois, Laurent und Czellar (2001) eine empirische Unter- suchung unternommen, bei der der wahrgenommene Kern der Luxusmarke anhand der folgenden sechs Facetten von einer klassischen Marke differenziert werden kann (vgl. Lasslop 2005, S. 473f.):

- „Hoher wahrgenommener Preis, sowohl interkategorial (absoluter Preis) als auch intrakategorial (relativer Preis im Vergleich mit anderen Marken der sel- ben Produktkategorie);

- Exzellente Qualität, sowohl hinsichtlich der eingesetzten Materialien als auch der wahrgenommenen oder vermuteten hohen Sorgfalt und Expertise im Herstellungsprozess;

- Einzigartigkeit, die sich im Eindruck einer schweren Erhältlichkeit beziehung- sweise Knappheit widerspiegelt;

- Ästethik, in Form eines mit allen Sinnen wahrgenommenen Produkterlebnis- ses;

- Historie, durch eine wahrgenommene Kontinuität im Auftritt und Design;

- Nicht-Notwendigkeit, die sich in einer dominierenden Wahrnehmung symbolischer gegenüber technisch-funktionalen Eigenschaften niederschlägt" (Lasslop 2005, S. 473f.).

Werden all diese Wahrnehmungen zusammengefasst, so entsteht ein für den Nachfrager ideeller Nutzen, der ihm erlaubt, durch den Kauf von Luxusmarken seine eigenen Wertvorstellungen wie auch seinen Status zu demonstrieren und/oder sich einer sozialen Gruppe anzuschließen (vgl. Kap. 2.2).

Ferner kann der Luxusmarkenbegriff aber auch intrakategorial eingesetzt werden, indem vor allem die herausgehobene Stellung markierter Produkte in einer Produktkategorie erkennbar gemacht wird (vgl. Lasslop 2005, S. 473). Demnach sind Luxusmarken die Marken in einer Produktkategorie, die für die höchste Qualität und Perfektion stehen (vgl. Belz 1994, S. 647). Sie nehmen die Rolle des *„Qualitätsführers"* (im Original hervorgehoben) (Becker 2004, S. 658) ein, die sich in einer dementsprechend hohen Preisstellung niederschlägt (vgl. Becker 2004, S. 658; Becker 2002, S. 213). Aus diesem Grund sind Luxusmarkenunternehmen häufig auf einen ganz bestimmten Produktbereich spezialisiert, in dem sie besonders gut sind und somit unübertreffliche Produkte fertigen (vgl. Belz 1994, S. 651).

An dieser Stelle soll auf eine von Lasslop entworfene Darstellung der Luxusmarke im Vergleich zu anderen Markenoptionen hingewiesen werden (Abb. 1).

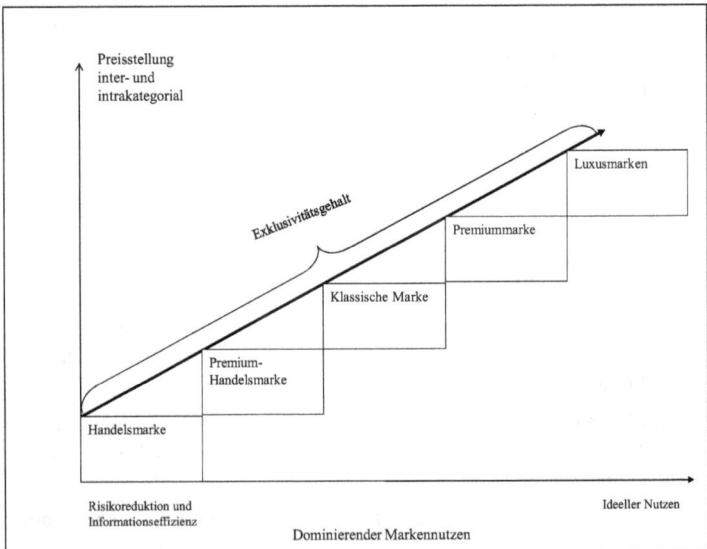

Abbildung 1: Abgrenzung der unterschiedlichen Markenoptionen

Quelle: In Anlehnung an Lasslop (2005), S. 474

Vereinfacht durch die angebotsorientierte Dimension ‚Preisstellung' und die wirkungsorientierte Dimension ‚Dominierender Markennutzen', wird die Luxusmarke weiteren Markenoptionen gegenübergestellt. Dabei unterscheidet Lasslop (2005) zwischen fünf verschiedenen Markenkategorien, die sich hinsichtlich des Ausmaßes des zuvor erläuterten ideellen Nutzens und der inter- und intrakategorialen Preisstellung unterscheiden (vgl. Lasslop 2005, S. 475). Hierbei wird noch einmal deutlich, dass die Luxusmarke über einen stark überdurchschnittlichen Markennutzen verfügt.

Aus der Abbildung 1 wird zudem ersichtlich, dass die Premium- und Luxusmarke durch unterschiedlich große Nutzenbündel charakterisiert sind und somit nicht dasselbe darstellen können. Da der Luxusmarken- und Premiummarkenbegriff in der Literatur jedoch bis zum heutigen Tag oft synonym verwendet wird (Kapferer/Bastien 2009, S. 42ff.; Becker 2004, S. 658; Nueno/Quelch 1998, S. 61), soll in diesem Rahmen gezielt auf eine terminologische Abgrenzung eingegangen werden.

Wesentliche Unterscheidungskriterien sind beispielsweise die Angebotsmenge, die Erreichbarkeit sowie das Preisniveau und der symbolische Nutzen. Während bei Luxusmarken der Markenführer immer danach strebt, eine möglichst kleine Menge an Produkten herzustellen (= Verknappung des Angebots), um auf diese Weise die Exklusivität der Marke zu wahren und nachhaltiges Begehren auszulösen, ist der Anbieter von Premiummarken gewillt, seine Produkte in Serienfertigungen für die großen Massen herzustellen (vgl. Dubois/Paternault 1995, S. 72; Kapferer 2001, S. 351f.; Lasslop 2005, S. 473f.). Nicht umsonst werden Premiummarken in der Umgangssprache vermehrt als gehobene Marken für den Massenbedarf bezeichnet (vgl. Mei-Pochtler 2003, S. 94; Markenlexikon 2010a).

> **Beispiel:** Es existieren beispielsweise bei Marken wie Puma oder French Connection en masse Exemplare ihrer Kollektionen in den Outlets (vgl. French Connection 2010), wohingegen luxuriöse Designerkleiderkollektion wie die von Marc Jacobs oder Lanvin nur sehr begrenzt gefertigt werden (vgl. Lanvin 2010).

Neben dem begrenzten Angebot ist auch die erschwerte Erreichbarkeit von Luxusmarken erwähnenswert (vgl. Nueno/Quelch 1998, S. 62f.). Exklusive Luxusmarken besitzen in der Regel eine sehr geringe Anzahl an eigenen Outlets und achten auch verstärkt darauf, dass ihre Produkte nicht mit anderen Marken in unterschiedlichen Warenhäusern angeboten werden (vgl. Kap. 4.3). Im Vergleich dazu sind Premiummarkenführer bemüht, eine große Masse anzusprechen, und eröffnen daher viele eigene Geschäfte und bieten ihre Produkte auch in Warenhäusern an (vgl. French Connection 2010).

Beobachtet man das Preisniveau der beiden Kategorien, so lässt sich auch in diesem Kontext ein signifikanter Unterschied feststellen. Luxusmarken zeichnen sich dadurch aus, dass sie sich durch sehr hohe Preise von anderen Marken abgrenzen und somit für viele Menschen nicht erreichbar scheinen (vgl. Mei-Pochtler 2003, S. 94; Nueno/Quelch 1998, S. 63). Das Gegenteil ist bei den Premiummarken der Fall. Obwohl auch sie zu den höheren Markensegmenten gerechnet werden, befinden sich ihre Preise in einem für viele Nachfrager bezahlbaren Rahmen (vgl. Haas 2000, o. S.; Lasslop 2005, S. 473f.).

Eine weitere essenzielle Diskrepanz liegt in dem emotional-symbolischen Nutzen, der bei den Luxusmarken im Vordergrund steht. Während bei Premiummarken sowohl emotional-symbolische als auch sachlich-funktionale Aspekte im Vordergrund stehen können, werden bei Luxusmarken die funktionalen und sachlichen Faktoren als Grundvoraussetzung angesehen (vgl. Haas 2000, o. S.). Es ist daher vor allem die symbolische und emotionale Ausstrahlung, die den Nachfrager dazu animiert, bestimmte Luxusmarken zu erwerben (vgl. Dubois/Paternault 1995, S. 71).

In Tabelle 1 sollen die soeben erläuterten Differenzen noch einmal veranschaulicht werden.

Luxusmarke	Merkmal	Premiummarke
Verknappung des Angebots, um die Exklusivität aufrecht zu erhalten	Angebotsmenge	hoch
sehr begrenzt	Erhältlichkeit	weite Verbreitung
sehr hoch	Preisniveau	mittel bis hoch
sehr hoch	Exklusivität	nicht sehr ausgeprägt
symbolisch-emotionaler Natur	vordergründiger Nutzen	sachlich-funktionaler Natur

Tabelle 1: Abgrenzung zwischen Luxus- und Premiummarken

Quelle: In Anlehnung an Mertens (2007), S. 58

Zusammenfassend lässt sich sagen, dass eine Luxusmarke eine Ansammlung von spezifischen Merkmalen (z. B. höherer Qualität, Einzigartigkeit und hoher Preisstellung) ist, die zu einem für die Konsumenten ideellen Nutzen führt. Dieser Nutzen kann darin bestehen, seinen Prestige- und Machtstatus oder aber seine soziale Zugehörigkeit zu einer bestimmten Gruppe zu demonstrieren (vgl. Lasslop 2005, S. 475; Meffert/Lasslop 2004, S. 932f.).

Nachdem der Marken- und insbesondere der Luxusmarkenbegriff einheitlich definiert worden ist, wird im nächsten Abschnitt auf die unterschiedlichen Funktions-
dimensionen der Marke eingegangen.

2.2 Funktion der Marke aus Markenführer- und Nachfragersicht

Die Funktionen einer Marke variieren in Bezug auf die Perspektive des Betrachters.
So erfüllt die Marke für einen Nachfrager andere Funktionen als für ihren Markenführer (vgl. Abbildung 2; vgl. Homburg/Krohmer 2009, S. 602).
Wird die Marke aus Sicht des Nachfragers betrachtet, so stellt sie in erster Linie
eine wichtige Orientierungshilfe dar. Durch die erhöhte Markttransparenz wird der
Suchaufwand verringert und der Nachfrager kann die von ihm gewünschten Produkte schneller identifizieren (vgl. Burmann/Meffert/Koers 2005, S. 10; Meffert
2006, S. 130). Marken erleichtern es dem Nachfrager zudem, Informationen über
das Produkt aufzunehmen und zu verarbeiten (vgl. Homburg/Krohmer 2009, S.
602). Die bei der Wahrnehmung einer Marke gespeicherten Informationen bezüglich des Images dieser Marke können dann anschließend genutzt werden, um einen
einfacheren und schnelleren Kaufprozess hervorzurufen. Folglich können Marken
als so genannte „information chunks" (Burmann/Meffert/Koers 2005, S. 11) gesehen werden, die zu einer Verringerung der Komplexität führen (vgl. Bur-
mann/Meffert/Koers 2005, S. 10f.; Meffert 2006, S. 130).

Darüber hinaus hat die Marke eine Vertrauensfunktion für den Nachfrager. Durch
ihre Bekanntheit, Kompetenz und Identität ist sie in der Lage, aufkommende Infor-
mationsdefizite und Verhaltensunsicherheiten zu reduzieren. Diese Funktion ist besonders bei Produkten und Leistungen mit einem hohen Anteil an Vertrauenseigen-
schaften wichtig. So besteht beispielsweise beim Wartungszustand und der Sicherheit eines Flugzeuges im Rahmen einer Pauschalreise ein angestiegenes Risikoemp-
finden, das durch das von der Marke aufgebaute Vertrauen gemindert werden kann
(vgl. Burmann/Meffert/Koers 2005, S. 11; Meffert 2006, S. 130). Umgekehrt kann
demzufolge eine schlechte Erfahrung des Nachfragers mit einer Marke dazu führen,
dass er diese Marke nicht mehr nachfragen wird. Somit werden Marken als ein
Merkmal für immer gleich bleibende Qualität wahrgenommen und stellen eine Art
Qualitätsversprechen an den Konsumenten dar (vgl. Homburg/Krohmer 2009, S.
602).

Zusätzlich zu dem funktionalen Nutzen ist die Marke imstande, emotionale Erleb-
niswelten aufzubauen (vgl. Homburg/Krohmer 2009, S. 602). Wie David Ogilvy
sagte, ist eine Marke a „consumer's idea of a product" (vgl. Biel 2001, S. 63). Sie
entsteht in den Köpfen der Nachfrager, indem sie mit emotionalen Assoziationen
genährt wird (vgl. Gardini 2007, S. 122). Da bei vielen Produkten die technisch-
funktionalen Eigenschaften auf demselben Niveau liegen, bilden oft vor allem die
emotionalen Zusätze den Grund für die Wahl einer bestimmten Marke (vgl. Hom-
burg/Krohmer 2009, S. 602).

Schließlich können Marken von Nachfragern dazu verwendet werden, sich in ihrer sozialen Umwelt auszudrücken und darzustellen. So kann die Marke als eine Hilfe für die eigene Darstellung genutzt werden, indem der Nachfrager Eigenschaften der Marke auf sich selbst überträgt, um sich einem Idealbild anzunähern oder auch nur um seinen individuellen Geschmack zum Ausdruck zu bringen (vgl. Homburg/Krohmer 2009, S. 602; Meffert 2006, S. 131). Ebenso kann der Nachfrager mit Hilfe der Marke eine bestimmte Gruppenzughörigkeit oder einen gewissen sozialen Status demonstrieren. Ein Nachfrager kann demnach durch den Kauf einer Luxusmarke seine hohe wirtschaftliche und soziale Stellung betonen (vgl. Homburg/Krohmer 2009, S. 602). Die Marke fungiert in diesem Zusammenhang somit als eine Art Kommunikationsmittel, das in der Lage ist, die eigene Persönlichkeit gegenüber anderen Menschen auszudrücken (= Identitätsvermittlung) (vgl. Burmann/Meffert/Koers 2005, S. 12; Meffert 2006, S. 131).

Aus den unterschiedlichen Nutzen, die die Marke den Nachfragern gegenüber leistet, ergeben sich für die Markenführer wiederum diverse Chancen (vgl. Burmann/Meffert/Koers 2005, S. 12; Meffert 2006, S. 131). Da in der heutigen Zeit viele Produkte untereinander austauschbar geworden sind, ist die Marke für den Markenführer ein signifikanter Ansatzpunkt, über den er sich am Markt von seinen Wettbewerbern differenzieren kann (vgl. Homburg/Krohmer 2009, S. 602). In diesem Zusammenhang spielt die Schaffung von Präferenzen eine wichtige Rolle, da der Markenführer seine Marke am Markt nur dann profilieren kann, wenn er es schafft, mit seiner Produktleistung Präferenzen hervorzurufen (vgl. Burmann/Meffert/Koers 2005, S. 12; Meffert 2006, S. 131). Daher ist das Qualitätssignal der Marke auch für die Markenführer von großer Wichtigkeit. Hat sich eine Marke aufgrund ihrer Qualität (z. B. Funktionalität oder Haltbarkeit) und Profilierung erst gegen die Wettbewerber am Markt durchgesetzt, kann eine hohe Kundenbindung entstehen, die dann zu einer starken Markenloyalität bei den Nachfragern ausgebaut werden kann (vgl. Homburg/Krohmer 2009, S. 602; Meffert 2006, S. 132). Diese aufgrund von Markenloyalität geschaffene Basis ermöglicht es den Markenführern, weitere verschiedenen Nutzen aus der Marke zu ziehen. So tolerieren loyale Kunden beispielsweise Fehlproduktionen (z. B. eine verfehlte Haute-Couture-Kollektion) und höhere Preise eher als nicht loyale Kunden. Dies trifft vor allem auf Konsumenten von Luxusmarken zu, da sie eine hohe Verbundenheit mit den Marken assoziieren und weniger preissensibel sind (vgl. Homburg/Krohmer 2009, S. 602; Lasslop 2002, S. 332; Meffert 2006, S. 132). Diese preispolitisch geschaffenen Spielräume bilden wiederum Eintrittsbarrieren für potenzielle Wettbewerber und schützen so die eigene Marke (vgl. Homburg/Krohmer 2009, S. 603).

Außerdem ermöglicht eine am Markt etablierte Marke es dem Anbieter, eine Plattform zu schaffen, die ihm die Option bietet, weitere neue Produkte unter demselben Markennamen einzuführen und so den Erfolg bei Neuprodukten auf lange Sicht zu fördern (vgl. Homburg/Krohmer 2009, S. 602).

In der folgenden Abbildung 2 sind die unterschiedlichen Funktionen noch einmal anschaulich zusammengefasst.

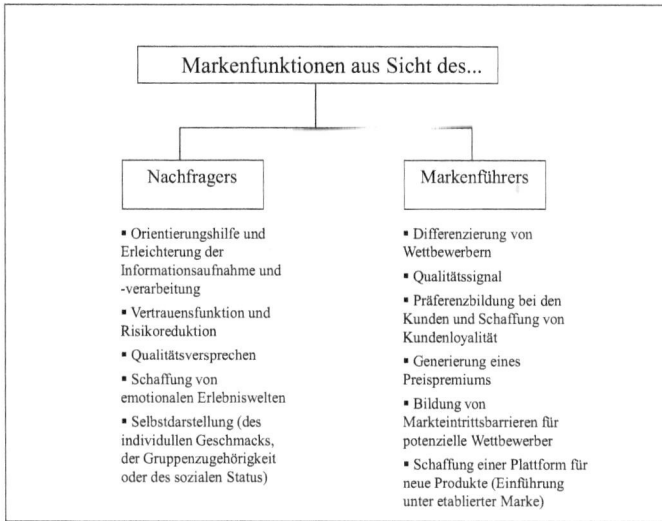

```
┌─────────────────────────────────────────────┐
│         Markenfunktionen aus Sicht des...     │
└─────────────────────────────────────────────┘
```

Nachfragers	Markenführers
▪ Orientierungshilfe und Erleichterung der Informationsaufnahme und -verarbeitung ▪ Vertrauensfunktion und Risikoreduktion ▪ Qualitätsversprechen ▪ Schaffung von emotionalen Erlebniswelten ▪ Selbstdarstellung (des individullen Geschmacks, der Gruppenzugehörigkeit oder des sozialen Status)	▪ Differenzierung von Wettbewerbern ▪ Qualitätssignal ▪ Präferenzbildung bei den Kunden und Schaffung von Kundenloyalität ▪ Generierung eines Preispremiums ▪ Bildung von Markteintrittsbarrieren für potenzielle Wettbewerber ▪ Schaffung einer Plattform für neue Produkte (Einführung unter etablierter Marke)

Abbildung 2: Zentrale Markenfunktionen aus unterschiedlichen Perspektiven

Quelle: In Anlehnung an Homburg/Krohmer (2009), S. 603

2.3 Kaufmotive von Luxusmarken

Wie aus der Diskussion zum Begriffsverständnis von Luxusmarken ersichtlich geworden ist, dominieren bei Luxusmarken, im Vergleich zu klassischen Marken, insbesondere die emotionalen und abstrakten Assoziationen gegenüber den rationalen und auf konkrete Produkteigenschaften bezogenen Vorstellungen (vgl. Lasslop 2002, S. 335). Aus diesem Grund spielen die emotional-symbolischen Eigenschaften der Luxusmarke und die mit ihr verbundenen Assoziationen bei der Kaufentscheidung einer Luxusmarke eine größere Bedeutung als die technisch-funktionalen Eigenschaften: "More than other products, luxury goods are bought for what they mean, beyond what they are" (vgl. Dubois/Paternault 1995, S.71). In diesem Zusammenhang haben Vigneron und Johnson (1999) fünf zentrale Motive hergeleitet, die für den Konsum von Luxusmarken stehen:

- der Veblen-Effekt,

- der Snob-Effekt,

- der Bandwagon-Effekt

- das Streben nach Hedonismus und schließlich

- der Perfektionismus-Effekt (vgl. Vigneron/Johnson 1999, S. 2).

11

Als Veblen-Effekt wird ein demonstratives Konsumverhalten bezeichnet, bei dem es Konsumenten in erster Linie darum geht, ein Gefühl von Prestige zu empfinden und dieses Prestige seiner sozialen Umwelt zu präsentieren (vgl. Belz 1994, S. 647; Thomas 2007, S. 7). Mit diesem demonstrativen Konsum stellt der Nachfrager seine eigenen Konsumgewohnheiten und seinen sozialen Status bzw. den sozialen Status zur Schau, den er gerne hätte, um so seinen eigenen Platz in der Gesellschaft herauszustellen (vgl. Belz 1994, S. 647; Thomas 2007, S. 7). Um diese hohe wirtschaftliche Position zu demonstrieren, tendieren veblensche Konsumenten deshalb häufig dazu, Luxusmarken zu erwerben, die in den höherpreisigen Kategorien liegen und auffällig sind (z. B. die Anschaffung eines neuen Ferraris oder der Kauf einer neuen Hermès-Handtasche) (vgl. Belz 1994, S. 647; Thomas 2007, S. 7). Dass sie für funktional gleichartige Produkte viel höhere Preise zahlen, nehmen sie dabei in Kauf, denn im Vordergrund steht allein die Demonstration ihres Reichtums (vgl. Reich 2005, S. 39). Der veblensche Konsument strebt demnach vor allem nach Prestige und Status und bemüht sich, durch den Kauf und Gebrauch äußerst teurer Produkte (wie beispielsweise Mode, Uhren und Autos; vgl. Lasslop 2005, S. 485) von den unteren sozialen Klassen abzugrenzen bzw. seine Zugehörigkeit zu den höheren sozialen Klassen zu beweisen. Aus diesem Grund wird Luxusmarken im Rahmen des Veblen-Effekts eine Demonstrations- und Inszenierungsfunktion zugeschrieben (vgl. Belz 1994, S. 647; Reich 2005, S. 39).

Mit den Jahren ist diese Demonstrationsfunktion jedoch in den Hintergrund geraten. Luxusmarken werden primär nicht mehr dazu verwendet, um sich von sozialen Klassen abzugrenzen bzw. eine bestimmte gesellschaftliche Zugehörigkeit zu präsentieren, sondern um eine persönliche Differenzierung von anderen Individuen vorzunehmen (vgl. Reich 2005, S. 39f.). Dieses persönliche Bedürfnis, sich von allen anderen zu differenzieren, wird als Snob-Effekt bezeichnet und stellt das zweite Motiv für die Konsumption von Luxusmarken dar (vgl. Reich 2005, S. 40). In diesem Fall werden insbesondere die Produkte begehrt und erworben, die nur von sehr wenigen anderen besessen werden. Da diesen Konsumenten speziell die Statusdemonstration sehr wichtig ist, achten sie sehr präzise darauf, dass das Luxusprodukt, das sie kaufen möchten, exklusiv und nur begrenzt verbreitet ist. Erscheint ihnen eine Luxusmarke als leicht zugänglich und somit für viele andere Nachfrager erreichbar, verliert sie für den snobschen Konsumenten ihren Exklusivitätsgrad und eignet sich daher nicht mehr zur Unterstreichung der eigenen Persönlichkeit (vgl. Johnson/Vigneron 1999, S. 5; Reich 2005, S. 40): "[C]onsumers come to reject a particular product as and when it is seen to be consumed by the general mass of people" (Mason 1981, S. 128, zitiert nach Johnson/Vigneron 1999, S. 5). In diesem Zusammenhang wird deutlich, dass diese Konsumenten großen Wert auf Einzigartigkeit ("uniqueness") (Fromkin/Snyder 1977, zitiert nach Johnson/Vigneron 1999, S. 5) legen und dies durch den Besitz von bestimmten prestigeträchtigen Produkten auch explizit zeigen wollen.

Zusätzlich zu diesem individuellen Streben nach Einzigartigkeit werden viele Konsumenten jedoch auch durch das Bedürfnis nach Zugehörigkeit zum Kauf von Luxusmarken motiviert. Dieser von Leibenstein (1950) als Bandwagon bezeichnete

Effekt stellt somit einen komplett gegensätzlichen Effekt zu dem zuvor erwähnten Snob-Effekt dar (vgl. Johnson/Vigneron 1999, S. 6; Reich 2005, S. 40). Denn je höher die Nachfrage an einer bestimmten Luxusmarke ist, desto größer wird hier das Verlangen des Konsumenten nach genau dieser bestimmten Marke (vgl. Reich 2005, S. 40f.). Diesem Bandwagon-Fffekt liegt der Wunsch zu Grunde, von einer bestimmten Bezugsgruppe akzeptiert zu werden und ihr durch den Erwerb und Gebrauch derselben Marken unmittelbar anzugehören. "Hence, a person may use a prestige brand during the week, to conform with their professional position, and use a modest brand during the weekend, to match social standards of his/her neighborhood" (Johnson/Vigneron 1999, S. 6). Für diese Konsumenten ist eine allgemeine positive Beurteilung ihrer Wertvorstellungen von der relevanten sozialen Umwelt sehr wichtig (vgl. Lasslop 2005, S. 481). Die Luxusmarke dient als eine Art Beweismittel für den eigenen guten Stil und Geschmack sowie andere als wichtig angesehene Persönlichkeitswerte (vgl. Lasslop 2005, S. 481). Bandwagon-Konsumenten sind im Vergleich zu snobschen Konsumenten weniger auf den hohen Preis einer Luxusmarke ausgerichtet, um ihr Prestige zu demonstrieren, sondern auf das Zugehörigkeitsgefühl, das der Gebrauch von bestimmten Luxusmarken hervorruft (vgl. Johnson/Vigneron 1999, S. 6; Reich 2005, S. 41). Sie streben primär nach ästhetisch-kulturellem Luxus, der tendenziell als schön und stilvoll statt als status- und prestigeträchtig angesehen wird (vgl. Lasslop 2005, S. 481).

Neben diesen extrinsischen Motiven, bei denen der Nachfrager mit dem Konsum von Luxusmarken intendierte Reaktionen bei seiner sozialen Umwelt beabsichtigt, können Motive allerdings auch einen intrinsischen Charakter haben, insofern die Motivbefriedigung eintritt, ohne dass ein direkter Kontakt zur sozialen Umwelt aufgebaut wird (vgl. Lasslop 2005, S. 478ff.). Hierbei steht vor allem das Streben nach Selbstachtung und Selbstverwirklichung im Vordergrund (vgl. Belz 1994, S. 647; Reich 2005, S. 41). Der Konsument versucht durch den Besitz und die Benutzung von Luxusmarken die eigenen internalisierten Wertvorstellungen zu erreichen. Der Fokus liegt dabei auf dem Versuch, das Luxusmarkenimage auf seine eigene Persönlichkeit zu übertragen, und dem intrinsischen Wunsch, sich selbst zu belohnen (vgl. Lasslop 2005, S. 480f.). So stellen Luxusmarken in der heutigen Zeit vermehrt einen Ausgleich für Stress und eine Verwöhnung für einen anstrengenden Arbeitstag dar (vgl. Fiske/Silverstein 2003, S. 54; Mei-Pochtler 2003, S. 93). Konsumenten wählen dabei bewusst Marken bzw. Produkte aus, zu denen sie eine emotionale Verbindung aufbauen können und deren Eigenschaften perfekt zu der eigenen Persönlichkeit passen (vgl. Lasslop 2005, S. 479; Mei-Pochtler 2003, S. 92f.). So kann eine Konsumentin beispielsweise mit dem Kauf eines Kleides aus der neuen Chanel-Kollektion ihre Selbsteinschätzung, sie sei klassisch-weiblich und elegant, betonen (vgl. Lasslop 2005, S. 479). Bei diesem so genannten Streben nach Hedonismus steht das emotionale Bedürfnis nach Ästhetik und Perfektion im Vordergrund, das insbesondere durch die qualitativen und symbolisch-emotionalen Eigenschaften der Luxusmarke repräsentiert wird (Mei-Pochtler 2003, S. 92f.; Reich 2005, S. 41). Im Gegensatz zu dem Snob- und dem Bandwagon-Effekt will der Nachfrager hier mit dem Konsum von Luxusmarken seine eigenen Wertvorstellungen präsentieren und damit zu einem Symbol seiner Lebenshaltung oder seines Lebensgefühls werden (vgl. Belz 1994, S. 647). Konsumenten, die ein Streben nach Hedonismus haben, legen deshalb sehr viel mehr Wert auf qualitativ hochwertige, jedoch weniger auffällige Produkte bzw. Marken (z. B. Kennermarken) als andere Konsumenten (vgl. Lasslop 2005, S. 480f.). Im Vordergrund steht, dass der Konsument sich mit seinem erworbenen Luxusprodukt persönliche identifizieren kann (vgl. Johnson/Vigneron 1999, S. 8; Reich 2005, S. 42).

Das fünfte Motiv zum Kauf von Luxusmarken wird schließlich von dem Perfektionismus-Effekt geliefert. Hierbei werden die Konsumenten insbesondere von dem Verlangen nach überragender Qualität zum Kauf animiert (vgl. Vigneron/Johnson 1999, S. 8). Sie erwarten Komfort und Dynamik bei Automobilen sowie Anmut (vgl. Vigneron/Johnson 1999, S. 9) und Haltbarkeit (vgl. Lasslop 2005, S. 484) bei einer luxuriösen Uhr (vgl. Vigneron/Johnson 1999, S. 9). Als Indikator für exzellente Qualität wird dabei häufig der hohe Preis von Luxusmarken gewählt, da Konsumenten mit hohen Preisen einen höheren Grad an Qualität verbinden: "[P]eople perceive higher prices as evidence of greater quality" (Vigneron/Johnson 1999, S. 8). Ein weiterer Qualitätsbeleg wird zudem oft in traditionsreichen Marken gesehen. Konsumenten mit dem Perfektionismus-Effekt fragen vordergründig Luxusmarken nach, da diese häufig auf eine lange Unternehmenstradition (vgl. Anhang 1) zurückblicken und so ein hohes Maß an Erfahrung aufweisen (vgl. Vigneron/Johnson 1999, S. 8f.).

Zusammenfassend bleibt festzuhalten, dass die fünf aufgeführten Effekte in soziale, extrinsische und individuelle intrinsische Motive aufgespalten werden können. Während bei den extrinsischen Motiven zum einen das Streben nach Abgrenzung und zum anderen der Wunsch nach sozialer Akzeptanz und Zugehörigkeit eine entscheidende Rolle spielen, steht bei den intrinsischen Motiven vor allem die Selbstentfaltung und Selbstbelohnung im Mittelpunkt. Bei dem zuletzt aufgeführten Perfektionismus-Effekt kann zudem betont werden, dass die Selbstbelohnung dieser Konsumenten nur mit einem überdurchschnittlich hohen Grad an Qualität erfolgt. Allerdings sollte nicht ausgeschlossen werden, dass Konsumenten Luxusmarken auch aus mehr als nur einem Motiv nachfragen können (vgl. Vigneron/Johnson 1999, S. 9).

2.4 Abgrenzung von Luxussegmenten

Grundsätzlich betrachtet gibt es in der heutigen Zeit nahezu in jeder Produktkategorie Luxusmarken – gleichgültig, ob es sich dabei um Kücheneinrichtungen, Kaffee oder sogar Tierfutter handelt (vgl. Fiske/Silverstein 2003, S. 51). Um die unterschiedlichen Segmente jedoch voneinander abgrenzen zu können, wird im Rahmen der vorliegenden Arbeit vordergründig auf die mehr oder weniger „klassischen" Luxussegmente eingegangen.

Bei der Betrachtung der einzelnen Luxusfelder ist es unvermeidlich, an das Comité Colbert anzuknüpfen, bei dem es sich um einen im Jahre 1954 gegründeten Verbund der französischen Luxusindustrie handelt (vgl. Chevalier/Mazzalovo 2008, S. 34). Mittlerweile stellt diese Institution ein Konglomerat von bis zu 75 Luxusmarken dar (vgl. Braun 1997, S. 277f.; Comité Colbert 2010; Lasslop 2005, S. 476), die alle in so genannte „metiers" (franz. für Tätigkeitsfelder bzw. hier: Segmente) eingeteilt werden können (vgl. Comité Colbert 2010). Nach dem Comité Colbert gehören somit folgende Bereiche zu den wichtigsten Luxussegmenten:

- Mode (Haute-Couture, Schuhe, Unterwäsche)

- Lederwaren

- Porzellan

- Champagner, Wein, Spirituosen

- Hotellerie und Gastronomie

- Parfüm

- Schmuck und Uhren

- Tafelsilber und Bronze

- Kristallglas

- Verlagswesen und Dekoration (vgl. Comité Colbert 2010)

Ergänzt werden diese Segmente allerdings zusätzlich noch um das Segment der Luxusautomobile sowie das der Luxusreisen (vgl. Chevalier/Mazzalovo 2008, S. x), wobei das letztgenannte Segment im Vergleich zu den anderen eine Dienstleistung darstellt. Das Fehlen des Segments der Luxus-Automobile im Comité Colbert ist auf die einfache Tatsache zurückzuführen, dass sich die Institution nur auf französische Luxusmarken konzentriert hat und im französischen Raum, im Gegensatz zu Deutschland (z. B. BMW, Mercedes-Benz) und Italien (z. B. Ferrari, Lamborghini), keine bedeutenden Luxusfahrzeuge hergestellt werden (vgl. Chevalier/Mazzalovo 2008, S. 34).

2.5 Ziele und Entscheidungstatbestände der Markenführung

Um eine Marke wirksam und stets erfolgreich durch unterschiedliche Märkte steuern zu können, ist ein zuverlässiges Zielsystem von großer Bedeutung (vgl. Esch 2008, S. 73). Wie aus der nachfolgenden Abbildung 3 ersichtlich wird, besteht ein Zielsystem sowohl aus ökonomischen als auch psychografischen Zielgrößen, die in einer Wechselwirkungsbeziehung zueinander stehen und somit beide zu dem Globalziel der langfristigen Existenzsicherung beitragen (vgl. Burmann/Meffert 2005, S. 78f.; Esch 2008, S. 57; Esch/Wicke 2001, S. 42f.).

Während die ökonomischen Zielgrößen vordergründig durch den Aufbau sowie die Steigerung des Markenwerts, die Erhöhung des Absatzes und die Vergrößerung des preispolitischen Spielraums gekennzeichnet sind, streben die psychografischen Ziele vorwiegend nach einer erfolgreichen Verankerung der Marke in den Köpfen der Konsumenten. Man kann die verhaltenswissenschaftlichen Zielgrößen somit auch als eine Vorstufe der ökonomischen Zielgrößen ansehen, da diese nur realisiert werden können, wenn eine wirksame Positionierung der Marke in der Psyche der Nachfrager erfolgt ist. Im speziellen Fall der Luxusmarken sind für die Markenführung besonders die psychografischen Ziele von großer Bedeutung, da vor allem diese dazu beitragen, dass eine Marke sich am Wettbewerbsmarkt durchsetzen und folglich auch eine größere Macht bzw. einen größeren Absatz am Markt realisieren kann (vgl. Esch/Wicke 2001, S. 43).

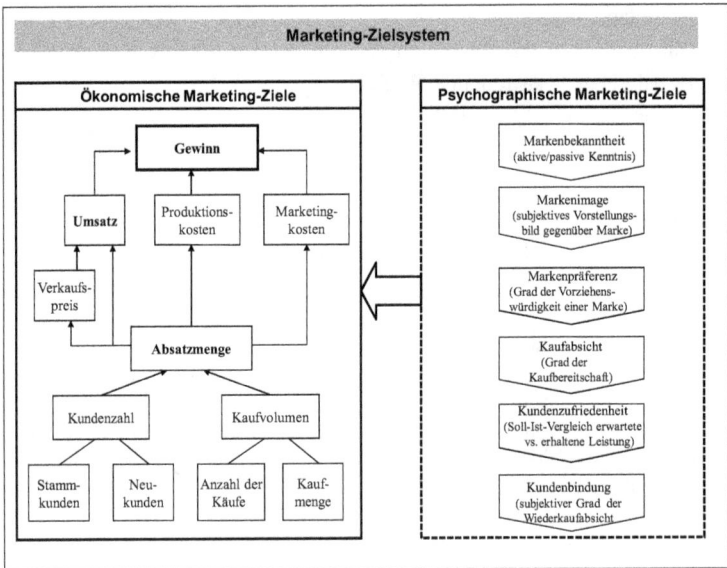

Abbildung 3: Marketing- Zielsystem

Quelle: Müller (2011)

Eine Konkretisierung der qualitativen Ziele kann in den folgenden Zielgrößen vorgenommen werden:

- Markenbekanntheit
- Markenimage
- Markenpräferenz
- Kundenzufriedenheit
- Kundenloyalität bzw. Markenbindung

Die Markenbekanntheit kann als eine grundlegende Bedingung für den Markenerfolg angesehen werden und bildet die Voraussetzung dafür, dass Nachfrager eine

16

Marke mit spezifischen Assoziationen und Bildern verknüpfen. Erst wenn eine entsprechende Markenbekanntheit besteht, kann eine Marke bei Kaufentscheidungen berücksichtigt werden und Vertrautheit und Zuneigung auf Seiten der Konsumenten aufbauen. Dabei wird bei der Markenbekanntheit zwischen unterschiedlichen Bekanntheitsstufen differenziert, die von Aaker in einer so genannten Markenbekanntheitspyramide (Abbildung 4) zusammengefasst wurden (vgl. Esch 2008, S. 66f.). Die Stellung einer Marke in der Pyramide steht dabei in einem Zusammenhang mit dem Beurteilungs- und Entscheidungsprozess beim Kauf. Während die aktive Markenbekanntheit das Einbeziehen einer Marke bei gedächtnisbasierten Entscheidungen erlaubt, findet die passive Markenbekanntheit insbesondere dann Verwendung, wenn die Entscheidung am Point-of-Sale getroffen wird. In diesem Fall reicht eine alleinige Wiedererkennung der Marke bereits aus, um einen Kaufvorgang auszuführen (vgl. Esch 2008, S. 67).

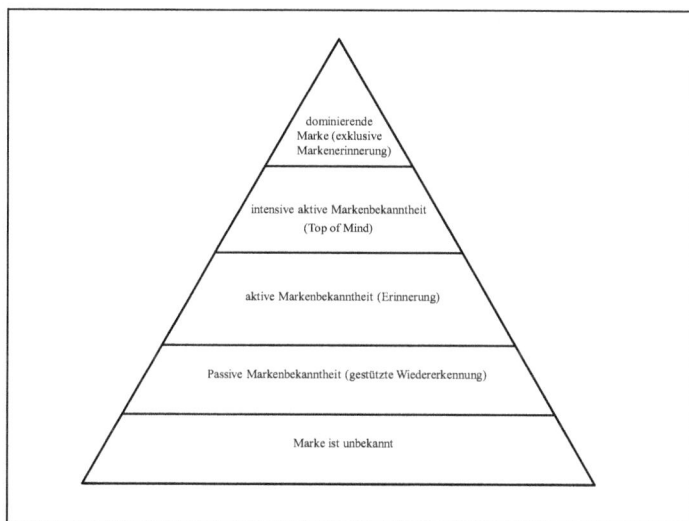

Abbildung 4: Die Markenbekanntheitspyramide

Quelle: In Anlehnung an Aaker (1992), S. 84; Esch (2008), S. 67

Beispiel 1: Die Marke Rolls Royce genießt im Automobilmarkt in westlichen Ländern eine Top-of-Mind- bis dominierende Markenbekanntheit. Der Automobilhersteller Bugatti kann dazu im Vergleich auf die Ebene der aktiven Markenbekanntheit gestellt werden, während die japanische Automobilmarke Infiniti nur über eine passive Markenbekanntheit verfügt und somit erst am Point of Sale wiedererkannt werden muss, bevor sie in die Kaufentscheidung mit einbezogen werden kann.

Um die Markenbekanntheit zu stärken, sollte zudem auf eine bildliche oder sprachliche Präsenz der Marke geachtet werden, da diese zu einem höheren Bekanntheitsgrad führen kann (vgl. Esch 2008, S. 68).

> **Beispiel 2:** So wird den Taschen von Louis Vuitton aufgrund der auffälligen bildlichen Symbole (vgl. Louis Vuitton 2010) eine sehr exklusive Markenerinnerung zuteil, während die Taschen der Luxusmarke Miu Miu (vgl. Miu Miu 2010), die über keine so ausdrucksstarke Bildpräsenz verfügen, nur eine erinnerungsbasierte Markenbekanntheit aufweisen.

Als Markenimage können die unterschiedlichen wahrgenommenen Bilder und Assoziationen, die die Konsumenten in Bezug zu einer bestimmten Marke einprägen (= subjektive Vorstellungen einer Marke), sowie die Emotionen, die sie ihr entgegenbringen, aufgefasst werden (vgl. Esch 2008, S. 69f.; Esch/Wicke 2001, S. 43; Lasslop 2005, S. 43). Die unterschiedlichen Arten von Assoziationen, ihre Stärke und Anzahl sowie ihre Einzigartigkeit und Relevanz für die Nachfrager sind wichtige Merkmale des Markenimages, das wiederum eine wichtige hinreichende Bedingung für den Markenerfolg eines Unternehmens bildet (vgl. Esch 2008, S. 69f.). Besteht in den Köpfen der Konsumenten ein positives Image in Bezug auf eine bestimmte Marke, so kann sich diese am Markt profilieren und von anderen abgrenzen. Um daher eine langfristige Differenzierung am Markt gewährleisten zu können, müssen Unternehmen die Besonderheiten ihrer Marken attraktiv und von den Konkurrenzmarken unterscheidbar vermitteln (vgl. Esch/Wicke 2001, S. 43).

Das entstandene positive Markenimage schafft bei den Konsumenten Präferenzen (= Markenpräferenz) die eine Voraussetzung für die Markenwahl und die anschließende Kaufabsicht bilden. Hat ein Konsument somit eine Markenpräferenz gegenüber einer Marke entwickelt, wird er diese Marke allen anderen vorziehen (vgl. Esch/Wicke 2001, S. 43)

Erfüllt eine erworbene Marke zudem die Erwartungen eines Konsumenten, entsteht daraus die so genannte Kundenzufriedenheit. Um diese jedoch bestimmen zu können, wird erst ein Vergleich zwischen der vom Konsumenten erwarteten Leistung und der tatsächlich wahrgenommenen Markenerfahrung vorgenommen (= Soll-Ist-Vergleich) (vgl. Esch 2008, S. 76; Homburg/Krohmer 2009, S. 43f.). Allerdings ist diese Beurteilung stark subjektiv beeinflusst und unterliegt daher starken Image-Verzerrungen, d. h., je positiver das Image ist, das ein Konsument von einer bestimmten Marke hat, umso zufriedener ist dieser Konsument von den Leistungen dieser Marke (vgl. Esch 2008, S. 76).

> **Beispiel:** Ein BMW-Fan, der den BMW als ein sportliches und kraftvolles Automobil empfindet, wird nach seiner subjektiven Auffassung auch die Beschleunigung an einer Bergstraße positiver bewerten. Ob er die marginalen Beschleunigungsunterschiede zwischen einem 5er-BMW und einem gleich motorisierten Audi A6 allerdings erfasst hat, ist dabei in Frage zu stellen (vgl. Esch 2008, S. 76).

18

Von besonderer Bedeutung ist für die Unternehmen auch die Auswirkung der Kundenzufriedenheit, denn erst wenn positive Verhaltensmuster von der Kundenzufriedenheit ausgehen, erweist sich das Streben danach als wirtschaftlich sinnvoll (vgl. Homburg/Krohmer 2009, S. 45). In Bezug auf die Auswirkungen der Kundenzufriedenheit lassen sich verschiedene Verhaltenseffekte unterscheiden.

So führt die Kundenzufriedenheit zum einen zu einer Entstehung von Kundenloyalität, die sich durch drei wesentliche Eigenschaften kennzeichnen lässt:

- den freiwilligen Wiederkauf eines Produktes bzw. einer Marke
- die Bereitschaft, Zusatzkäufe (Kauf weiterer Produkte des Unternehmens) zu tätigen, sowie
- die Bereitschaft, das Unternehmen und seine Produkte weiterzuempfehlen (vgl. Esch 2008, S. 74; Homburg/Krohmer 2009, S. 45).

Zum anderen erklären sich zufriedene sowie loyale Kunden dazu bereit, zusätzliche Preisaufschläge für ihre Marke zu zahlen (vgl. Esch 2008, S. 74). Da Konsumenten eine Marke allerdings wiederholt nachfragen können, ohne eine Präferenz für sie entwickelt zu haben (z. B. wegen hohen Werbedrucks oder aus Mangel an Alternativprodukten), unterscheidet man in diesem Zusammenhang zwischen der Kundenloyalität und der Markenbindung. Die Markenbindung drückt die emotionale Bindung des Kunden zu einer Marke aus, was bedeutet, dass sie über die Kundenloyalität hinausgeht. Während bei der Kundenloyalität eine Nutzung der Marke zugrunde gelegt wird, kann eine Markenbindung entstehen, ohne dass der Nachfrager mit der Marke eigene Erfahrungen gemacht hat (vgl. Esch 2008, S. 74f.).

Beispiel: So können Ferrari-Fans eine sehr starke Markenbindung aufweisen und trotzdem keinen eigenen Ferrari besitzen bzw. gefahren haben (vgl. Esch 2008, S. 75).

Wie an dieser Betrachtung festzustellen ist, hängen diese einzelnen psychografischen Zielgrößen stark zusammen und wirken aufeinander ein. So entsteht Kundenloyalität vor allem durch die zuvor entstandene Kundenzufriedenheit, die wiederum nur dann entstehen kann, wenn ein Konsument sich dazu bereit erklärt, eine Marke zu kaufen. Diese Kaufabsicht resultiert aus Präferenzbildungen, die der Konsument anhand des Markenimages entwickelt.

Um diese Zielgrößen somit erreichen zu können, besteht ein wesentliches Ziel der Markenführung im Aufbau eines einzigartigen und hervorgehobenen Markenimages (vgl. Esch/Wicke 2001, S. 43). Dementsprechend hat die Markenführung die Aufgabe, ihre Marken nachhaltig zu gestalten und zu führen (vgl. Esch 2008, S. 25). In diesem Zusammenhang unterscheidet das Markenmanagement[1] zwischen drei zentralen Entscheidungsfeldern:

- der Formulierung der Markenstrategie,
- der Festlegung der Markierungspolitik und

---

[1]   Im Rahmen dieser Arbeit werden die Begriffe Markenmanagement und Markenführung synonym verwendet.

- der Gestaltung der Markenkontrolle (vgl. Homburg/Krohmer 2009, S. 605; Müller 2011, S. 2-25).

Im Rahmen der vorliegenden Arbeit wird das Entscheidungsfeld der Markenkontrolle, bei dem es um die Erfassung und Kontrolle des Markenerfolges geht (vgl. Homburg/Krohmer 2009, S. 622), jedoch nicht näher behandelt.

Die Markenstrategie, die das strategische Entscheidungsfeld der Markenführung darstellt, kann wiederum in folgende drei Teilbereiche unterteilt werden:

- die Festlegung der Markenreichweite,

- die Entwicklung der Markenarchitektur sowie

- die Spezifikation der Markenpositionierung (vgl. Homburg/Krohmer 2009, S. 605),

wobei hauptsächlich die beiden letztgenannten im Rahmen der vorliegenden Arbeit relevant sind.

Die Markenarchitektur befasst sich mit der Anordnung aller Marken in einem Unternehmen, anhand der die Rollen der einzelnen Marken und ihre Beziehung untereinander festgelegt werden (vgl. Aaker/Joachimthaler 2001, S. 144; Homburg/Krohmer 2009, S. 610). Hierbei wird auf die Gesamtheit der Marken eines Unternehmens geschaut. Im Vordergrund stehen dabei nicht die Entscheidungen hinsichtlich einzelner Marken, sondern die längerfristigen Entscheidungen im Hinblick auf die gesamte Struktur (vgl. Baumgarth 2004, S. 679; Homburg/Krohmer 2009, S. 610f.). Zur Strukturierung der unterschiedlichen Teilbereiche der Markenarchitektur wird diese in drei Ebenen aufgeteilt. Zu diesen Strategieebenen zählen die statischen Markenstrategien (vgl. Kap. 3.1), die dynamischen Markenstrategien (vgl. Kap. 3.2) sowie die Markenanreicherungsstrategien (vgl. Kap. 3.3) (vgl. Baumgarth 2004, S. 679). Während sich die statischen Markenstrategien mit den grundsätzlichen Entscheidungen für die Gestaltung der Markenbasis beschäftigen und das Verhältnis zwischen den Marken zu einem bestimmten Zeitpunkt beschreiben, befassen sich die dynamischen Markenstrategien mit den Entscheidungen über die Weiterentwicklung und Veränderung dieser Verhältnisse (vgl. Baumgarth 2004, S. 679; Homburg/Krohmer 2009, S. 614). Markenanreicherungsoptionen sprechen dagegen die unterschiedlichen Verknüpfungen der eigenen Marke mit anderen Imageobjekten an (vgl. Baumgarth 2004, S. 679).

Der zweite Teilbereich des strategischen Entscheidungsfeldes, der in dieser Arbeit behandelt wird, ist derjenige der Markenpositionierung (vgl. Kap. 3.4). Hierbei legt der Markenführer fest, welche zentralen Eigenschaften, Nutzen und Werte die eigene Marke im Vergleich zu den Konkurrenzmarken haben soll. Diese Positionierungseigenschaften sollten dabei idealerweise den Wünschen und Bedürfnissen der Nachfrager entsprechen und für sie von Bedeutung sein (vgl. Esch 2008, S. 90). Sind diese Voraussetzungen erfüllt, kann sich das Unternehmen von den Wettbewerbsunternehmen abgrenzen und ein einzigartiges und unverwechselbares Markenprofil aufbauen (vgl. Esch 2008, S. 25). Diese Positionierung dient somit der

Spezifizierung des Markenkerns bzw. der Markenidentität. Als Markenidentität werden alle grundlegenden Markenmerkmale umfasst, die aus Sicht der Markenführer für den Charakter der Marke prägnant sind (vgl. Lasslop 2005, S. 475; Meffert 1998, S. 812). Eine Markenidentität, die auch aus Sicht der internen Zielgruppen als Selbstbild der Marke bezeichnet wird, kann erst aus einer Wechselbeziehung mit dem Fremdbild (Markenimage) entstehen (vgl. Lasslop 2005, S. 475). Als Markenimage werden die unterschiedlichen Wahrnehmungen und Assoziationen interpretiert, die bei dem Nachfrager durch die Vermittlung der Markenidentität entstehen (vgl. Lasslop 2005, S. 477; Meffert 1998, S. 813). Mit anderen Worten steht die Markenidentität für das, was das Unternehmen verkörpern möchte, und das Markenimage für die Reaktion, die mit eben dieser Markenidentität hervorgerufen wird.

Die Markierungspolitik, die sich mit den operativen Aspekten auseinandersetzt, stellt das zweite zentrale Entscheidungsfeld des Markenmanagements dar. Dieses umfasst neben der Festlegung der grundlegenden Markierungselemente wie z. B. Markenname oder Markenzeichen (vgl. Kap. 4.1) auch die Gestaltung des kommunikativen Brandings bzw. der kommunikativen Markierung, wie beispielsweise Slogans, Jingles oder Charaktere (vgl. Kap. 4.2). Die Markierung ist für eine Marke die Basis, um sich am Markt durchsetzen zu können. Denn anhand von Markenzeichen und anderen Markierungselementen werden Produkte wiedererkannt und zu ihnen bestimmte Assoziationen aufgebaut (vgl. Homburg/Krohmer 2009, S. 617).

Abbildung 5 zeigt einen Überblick über die drei Teilbereiche, die im Rahmen der vorliegenden Arbeit behandelt werden.

21

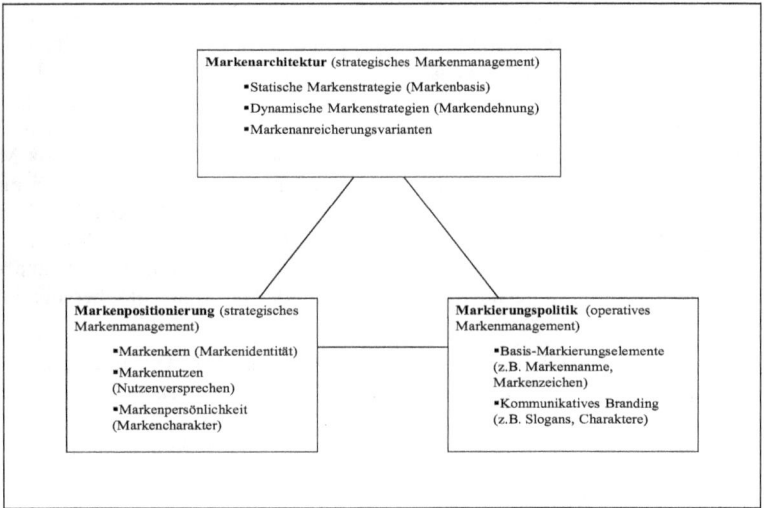

Abbildung 5: *Entscheidungstatbestände des Markenmanagements*

Quelle: *In Anlehnung an Müller (2011), S. 2–25*

3 Strategisches Markenmanagement

3.1 Statische Markenstrategien

Die statischen Markenstrategien bilden die Basis der Markenarchitektur (= Markenbasis) (vgl. Müller 2011, S. 2-25) und erfassen die Struktur der Marken und Leistungen eines Unternehmens zu einem ganz bestimmten Zeitpunkt (vgl. Baumgarth 2004, S. 678). Dabei wird die Anzahl der unterschiedlichen Produkte, die unter einer Marke geführt werden, festgelegt und über die Art des Verhältnisses, in dem diese einzelnen Produkte zueinander stehen, entschieden (vgl. Becker 2004, S. 644). Grundsätzlich unterscheidet man in diesem Zusammenhang zwischen drei markenstrategischen Optionen:

- der Einzelmarkenstrategie,
- der Dachmarkenstrategie und
- der Familienmarkenstrategie (vgl. Homburg/Krohmer 2009, S. 610f.)

3.1.1 Einzelmarkenstrategie

Unter einer Einzelmarkenstrategie (auch Produkt- oder Monomarke genannt) versteht man, wenn ein Unternehmen jedes seiner Produkte bzw. jede seiner Leistungen unter einer eigenen Marke führt (vgl. Böhler/Scigliano 2005, S. 106; Homburg/Krohmer 2009, S. 611). Das bedeutet, dass für jedes Produkt bzw. jede Leistung ein eigener Markenname geschaffen und am Markt durchgesetzt wird. Das sich dahinter verbergenden Prinzip kann auf folgende Weise kurz zusammengefasst werden: Eine Marke = ein Produkt = ein Produktversprechen (vgl. Becker 2004, S. 645), d. h., jede einzelne Marke kann für ein komplett neues und eigenständiges Produkt stehen (vgl. Gardini 2007, S. 140). Außerdem wird bei dieser Strategie darauf Wert gelegt, dass für jedes Produkt eine eigene und unverwechselbare Markenpersönlichkeit kreiert wird (vgl. Becker 2004, S. 645). Da der Anbieter bei dieser Markenstrategie meist vollkommen im Hintergrund steht (vgl. Homburg/Krohmer 2009, S. 611), kommt es in vielen Fällen vor, dass Nachfrager nicht wirklich wissen, welches Unternehmen sich hinter den unterschiedlichen Marken, die sie erwerben, verbirgt (vgl. Becker 2004, S. 645; Becker 2001, S. 302).

Beispiel 1: Der französische Luxushersteller LVMH (vgl. Abb. 6), der mittlerweile über ein Konglomerat von über 60 unterschiedlichen Luxusmarken verfügt, bedient sechs unterschiedliche Produktsegmente. Zu den Segmenten gehören u. a. Wein und Spirituosen (mit Marken wie z. B. Dom Pérignon und Hennessy), Uhren und Schmuck (z. B. TAG Heuer) sowie Mode und Lederwaren mit Marken wie Louis Vuitton, Givenchy oder Donna Karan (vgl. LVMH 2010a). Jede dieser Marken hat eine eigene, unverwechselbare Markenpersönlichkeit und kann deshalb mit keiner anderen Marke gleichgesetzt werden.

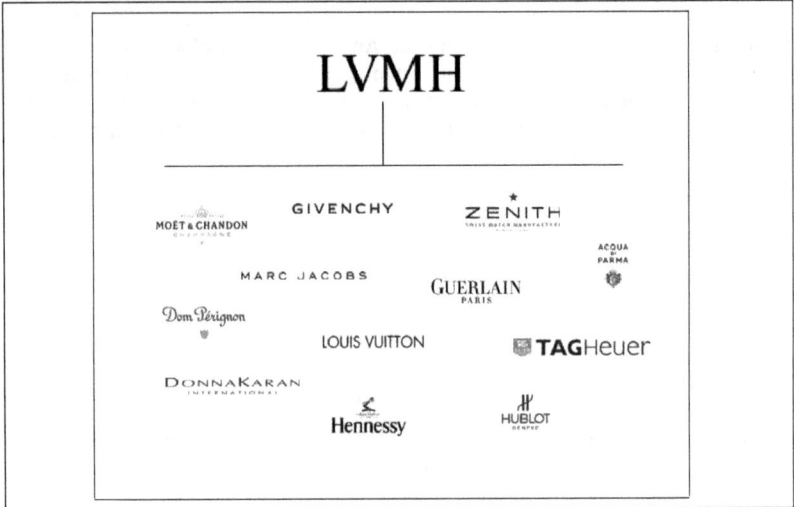

Abbildung 6: Ausschnitt der Einzelmarken des Luxusherstellers LVMH

Quelle: LVMH (2010a)

Beispiel 2: Ein weiteres Beispiel für die Einzelmarkenstrategie liefert die Gucci Group mit ihren acht Luxusmarken (vgl. Gucci Group 2010) (vgl. Abb. 7). Die Produktbereiche, die von den Einzelmarken bedient werden, sind u. a. Lederwaren (z. B. Sergio Rossi; vgl. Esch 2008, S. 461; Sergio Rossi 2010), Kosmetik (z. B. Yves Saint Laurent; vgl. Esch 2008, S. 461; Ysl-Parfums 2010) und Mode (z. B. Alexander McQueen oder Stella McCartney; vgl. Gucci Group 2010). Obwohl all diese Marken zur Gucci Group gehören, steht trotzdem jedes von ihnen für ein eigenes Produktversprechen.

Abbildung 7: Einzelmarken der Gucci Group
Quelle: Gucci Group (2010)

Beispiel 3: Das dritte Beispiel wird von dem schweizerischen Luxushersteller Riche-mont geliefert (vgl. Abb. 8). Auch dieser Hersteller fungiert, wie die zwei vorangehen-den, in unterschiedlichen Produktkategorien. Zu diesen zählen beispielsweise Uhren und Schmuck (mit Marken wie Cartier und Vacheron Constantin), Schreibgeräte (z. B. Montblanc) wie auch Mode und Lederwaren (z. B. Chloé und Dunhill) (vgl. Richemont 2010).

Abbildung 8: Einzelmarken des Luxusherstellers Richemont

Quelle: Richemont (2010)

In der Regel wird die Einzelmarkenstrategie von Unternehmen genutzt, die über ein relativ heterogenes Produktangebot verfügen, das zudem unterschiedlich am Markt positioniert werden soll, um damit verschiedene Zielgruppen ansprechen zu können (vgl. Becker 2004, S. 646; Sattler/Völckner 2007, S. 86). Darüber hinaus eignet sich diese Markenstrategie für Produktneueinführungen, die ein eigenes Marktfeld besetzen und somit so genannte Firmenmärkte aufbauen sollen, da Einzelmarken am besten im Sinne der unternehmenseigenen Zielsteuerung und -beeinflussung fungieren können (vgl. Becker 2001, S. 302).

Zentrale Vorteile einer solchen Strategie sind durch die Möglichkeit der klaren und deutlichen Positionierung sowie Profilierung gegeben. Wie bereits erwähnt worden ist, hat das Unternehmen mit Hilfe der Einzelmarkenstrategie die Möglichkeit, für jedes ihrer Produkte eine unverwechselbare Markenpersönlichkeit („Brand Identity") (vgl. Becker 2004, S. 646) sowie ein eigenes Markenimage aufzubauen, um dadurch das Produkt am Markt klar hervorheben zu können. Auf dieser Basis ist es dann möglich, eine eindeutige Positionierung der unterschiedlichen Produkte sowie eine genauere Zielgruppenansprache vorzunehmen (vgl. Böhler/Scigliano 2005, S. 106f.; Homburg/Krohmer 2009, S. 611). Aufgrund der einmalig geschaffenen Markenpersönlichkeit und der genauen Zielgruppenansprache ist es dem Unternehmen zudem möglich, eine viel gezieltere Markentreue zu den Kunden aufzubauen – zumal die Persönlichkeit der einzelnen Marken bei dieser Markenstrategie erheblich genauer auf das Bedürfnisprofil der Nachfrager abgestimmt werden kann als bei einer Dach- oder Familienmarkenstrategie (vgl. Meffert 1994, S. 182). Da keine Verwässerung der Marke stattfindet, sprich die einzelnen Marken nicht für viele unterschiedliche Produkte stehen, ist die Einzelmarke in der Lage, auf dem Markt glaubwürdig aufzutreten und das Produkt, für das sie steht, überzeugend zu repräsentieren (vgl. Gardini 2007, S. 140).

Des Weiteren ist durch die nicht vorhandene Verbindung zu den anderen Marken des Unternehmens eine Vermeidung von Ausstrahlungseffekten möglich. So können mögliche negative Imageausstrahlungen, die von einer Produktmarke z. B. aufgrund von Skandalen oder Flops ausgehen können, nicht auf andere Einzelmarken des Unternehmens übertragen werden (vgl. Becker 2001, S. 303; Böhler/Scigliano 2005, S. 106f.; Becker 2004, S. 646).

Beispiel: Die Einzelmarke M.A.C. des Luxusunternehmens Estée Lauder hat im Jahre 2010 eine neue Kollektion auf den Markt gebracht, die einen großen Skandal verursachte. Die Makeup-Kollektion wurde von der mexikanischen Stadt Juarez inspiriert, die für eine hohe Mordrate an Frauen bekannt ist (vgl. Alexander 2010, o. S.; Forrester 2010, o. S.). Mit Namen wie ‚Geisterstadt' und ‚Fabrik' warf diese Kollektion ein ziemlich schlechtes Bild auf die Marke M.A.C (vgl. Alexander 2010, o. S.). Allerdings wurden andere Einzelmarken (wie z. B. Clinique, Aramis, Jo Malone oder Aveda; vgl. Elcompanies 2010) des Unternehmens Estée Lauder von diesem Skandal nicht berührt, da für die Kunden keine ersichtliche Verbindung zwischen den Marken besteht.

Ein weiterer positiver Aspekt der Einzelmarkenstrategie liegt in der kaum notwendigen Koordination von Marketingmaßnahmen zwischen den verschiedenen Marken. Das bedeutet, dass bei einer möglichen Um- oder Neupositionierung einer Marke ein Konzept ausgearbeitet werden kann, ohne dass zusätzliche Verhandlungen und Abstimmungen mit den anderen Marken des Unternehmens durchgeführt werden müssen (vgl. Meffert 1994, S. 183).

All diesen Vorteilen der Einzelmarkenstrategie steht auch eine gewisse Anzahl an Nachteilen bzw. Risiken gegenüber. So ist beispielsweise der Imageaufbau jeder einzelnen Marke ein sehr langwieriger und riskanter Prozess, der für jede Einzelmarke getrennt durchgeführt werden muss (vgl. Baumgarth 2008, S. 149; Becker 2004, S. 646). Bei der Neueinführung von Marken besteht immer wieder von Neuem das Risiko, dass die neuen Marken von den Nachfragern nicht angenommen werden (= Gefährdung der Überlebensfähigkeit) (vgl. Becker 2004, S. 646), da die Konsumenten keine Erfahrungswerte mit der neuen Marke haben. Zusätzlich erschweren der zunehmende Wettbewerb und die steigende Markenvielfalt auf den Märkten den Profilierungsprozess der Einzelmarken (vgl. Becker 2004, S. 647). Darüber hinaus können auch die ökonomischen Probleme genannt werden. Angesichts der getrennten Führung sind für die unterschiedlichen Einzelmarken auch einzelne Entscheidungen zu treffen, die in einem hohen finanziellen und zeitlichen Aufwand für das Unternehmen resultieren (vgl. Homburg/Krohmer 2009, S. 611). Die anfallenden finanziellen Aufwände, die in jeder Phase des Lebenszyklus einer Marke entstehen, müssen zudem bei der Einzelmarkenstrategie im Gegensatz zu der Dach- und Familienmarkenstrategie von den jeweiligen Marken allein getragen werden (vgl. Böhler/Scigliano 2005, S. 107; Becker 2004, S. 647; Meffert 1994, S. 183).

Hinzu kommen die immer kürzer werdenden Produktlebenszyklen, die eine rechtzeitige Amortisation der Markenaufwendungen zusätzlich erschweren. Kann die Marke den Break-Even-Punkt (= Ausgleich zwischen Einnahmen und Aufwendungen) nicht erreichen, kann dies zu dem möglichen Extremfall der Existenzgefährdung führen (vgl. Becker 2004, S. 647). Ein weiteres Problem ist die Gefahr, dass ein Markenname bei einer zu dominanten Profilierung am Markt zu einem Gattungsbegriff werden kann (vgl. Meffert 1994, S. 183; Müller 2011, S. 2–26).

All diese Nachteile und Probleme haben dazu geführt, dass die Einzelmarkenstrategie in den letzten Jahren immer seltener angewandt worden ist, wenn es darum ging, neue Marken einzuführen (vgl. Meffert 1994, S. 183). Zudem haben sich in der Vergangenheit aufgrund der vermehrten Markentransfers viele Unternehmen, die mit der Einzelmarkenstrategie anfingen, mittlerweile zu Familien- oder Dachmarken gewandelt (vgl. Baumgarth 2004, S. 680; Sattler/Völckner 2007, S. 88f.).

Die wesentlichen Vor- und Nachteile der Einzelmarkenstrategie sind in der folgenden Tabelle 2 noch einmal aufgeführt.

Vorteile	Nachteile
• Aufbau einer unverwechselbaren Markenpersönlichkeit	• langsamer Aufbau einer Markenpersönlichkeit („Brand Identity")
• klare, deutliche Profilierungsmöglichkeit jedes einzelnen Produktes	• Risiko der Überlebensfähigkeit aufgrund von steigendem Wettbewerb und der wachsenden Markenvielfalt
• Konzentration auf eine bestimmte Zielgruppe	• hohe Marketingkosten
• präzise Positionierung einer Marke (nur geringe Verwässerungsgefahr)	• wegen immer kürzeren Produktlebenszyklen, erscheinen Amortisationsproblematiken
• Vermeidung von Kannibalisierungs- und negativen Ausstrahlungseffekten (z.B. Flop, Skandal)	• Gefahr, dass ein Markenname zu einem Gattungsbegriff wird
• kaum Koordinationsbedarf unter den einzelnen Marken der Unternehmung	

Tabelle 2: Vor- und Nachteile der Einzelmarkenstrategie

Quelle: In Anlehnung an Becker (2004), S. 646; Müller (2011), S. 2–26

3.1.2 Dachmarkenstrategie

Als Dachmarkenstrategie (oder auch Umbrella Branding Strategy, Programm- oder Companymarkenstrategie) wird eine Strategie charakterisiert, bei der alle Produkte und Leistungen eines Unternehmens unter einer einheitlichen Marke angeboten werden (vgl. Böhler/Scigliano 2005, S. 107; Homburg/Krohmer 2009, S. 612). Im Vergleich zu der Einzelmarkenstrategie stellt diese Strategie somit einen marken-strategischen Gegenpol dar (vgl. Becker 2004, S. 647; Sattler/Völckner 2007, S. 88). Im Unterschied zu der zuvor diskutierten Einzelmarkenstrategie, bei der für je-des Produkt eine eigene Persönlichkeit aufgebaut wird, existiert bei der Dachmar-kenstrategie ein übergeordnetes Produktversprechen, das von allen unter dieser Marke angebotenen Produkten gemeinsam repräsentiert wird (vgl. Homburg/Krohmer 2009, S. 612; Müller 2011, S. 2–28). Aus diesem Grund stehen bei dieser Strategie insbesondere die Anbieter (z. B. Luxusunternehmen) und deren Kompetenzen im Mittelpunkt der Profilierungsbemühungen (vgl. Becker 2004, S. 647; Esch 2008, S. 353).

Beispiel: Stellvertretend für die Dachmarkenstrategie kann die französische Luxusmarke Hermès genannt werden (vgl. Abb. 9). Unter ihrem Markendach fasst Hermès eine An-zahl von unterschiedlichen Produkten zusammen, die alle dasselbe Markenimage reprä-sentieren und somit gemeinsam zur Profilierung der Dachmarke Hermès beitragen (vgl. Hermès 2010).

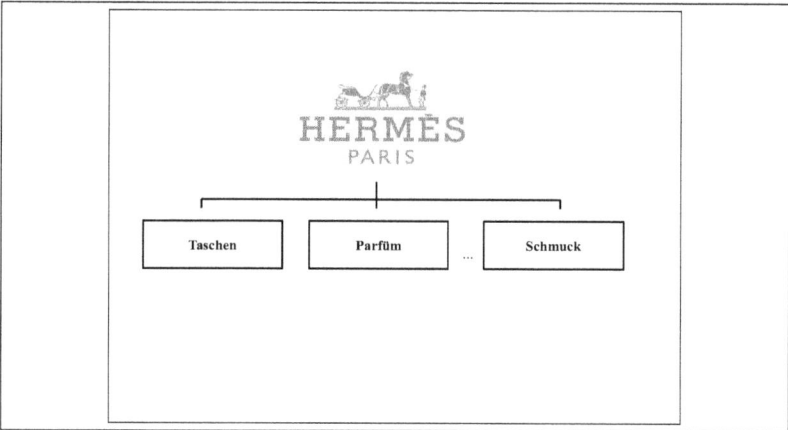

HERMÈS
PARIS

| Taschen | Parfüm | ... | Schmuck |

Abbildung 9: Dachmarkenstrategie am Beispiel von Hermès

Quelle: In Anlehnung an Homburg/Krohmer (2009), S. 611; Hermès (2010)

Grundsätzlich ist es für ein Unternehmen sinnvoll, diese Markenstrategieform zu wählen, wenn

- es über ein so umfangreiches Produktangebot verfügt, dass sich eine Einzelmarkenstrategie aus ökonomischen Gründen nicht lohnt,

- es eine relativ homogene Produktpalette aufweisen kann, die im Wesentlichen dieselbe Positionierung hat und somit ähnliche Zielgruppen anspricht (vgl. Becker 2004, S. 647),

- das Produktprogramm bzw. einzelne Teile starken Modeschwankungen unterliegen (z. B. bei Modemarken wie BOSS, Escada oder Jil Sander) (vgl. Becker 2004, S. 647; Becker 2001, S. 307; Esch 2008, S. 353).

Ein entscheidender Vorteil einer solchen Markenstrategie besteht darin, dass aufgrund der engen Beziehung zwischen der Marke und dem Hersteller die Dachmarkenstrategie die Möglichkeit bietet, eine einmalige und unverwechselbare Unternehmens- und Markenpersönlichkeit aufzubauen (vgl. Meffert 1998, S. 798). Alle Produkte dienen dabei zur Profilierung und Unterstützung der Dachmarke (vgl. Böhler/Scigliano 2005, S. 107; Meffert 1998, S. 798). Aus diesem Grund kommt diese Form der Markenstrategie bei Luxusmarkenunternehmen auch vermehrt vor (vgl. Lasslop 2005, S. 483). Die Unternehmen haben mit Hilfe der Dachmarkenstrategie die Möglichkeit, ihre einmalige Persönlichkeit auf jedes ihrer Produkte zu übertragen, was bedeutet, dass sie mittels der Dachmarkenstrategie in der Lage sind, ihr unverwechselbares Image und ihre Symbolkraft an jedes ihrer Produkte weiterzugeben. Es besteht demzufolge eine klar ersichtliche Verbindung zwischen der Stammmarke und den Produkten, die die Nachfrager zum Kauf animieren.

Die Dachmarke erlaubt den Unternehmen, neue Produkte auf einfachem Weg in den Markt einzuführen und so eine schnellere Akzeptanz beim Handel und den Konsumenten zu erreichen (= geringes Floprisiko) (vgl. Homburg/Krohmer 2009, S. 612; Meffert 1998, S. 798). Der Marken-Goodwill, der von der etablierten Dachmarke ausgeht, unterstützt jedes neue Produkt, das unter der Marke eingeführt wird (vgl. Becker 2004, S. 648) (= Nutzung von Synergiepotenzialen) (vgl. Esch 2008, S. 353).

Anders als bei der Einzelmarkenstrategie werden bei der Dachmarkenstrategie zudem alle notwendigen Markenaufwendungen gemeinsam getragen, was einen erheblichen ökonomischen Vorteil bietet (vgl. Becker 2001, S. 307; Böhler/Scigliano 2005, S. 107; Homburg/Krohmer 2009, S. 612; Müller 2011, S. 2–28). Folglich können die einzelnen Produkte nicht so schnell in Amortisationsschwierigkeiten geraten, wie es bei der Einzelmarkenstrategie der Fall sein kann (vgl. Becker 2004, S. 647). Der Gefahr, die von tendenziell kürzer werdenden Produktlebenszyklen ausgeht, ist bei dieser Form der Markenstrategie deshalb leichter standzuhalten (vgl. Becker 2001, S. 307, Esch 2008, S. 353).

Allerdings stehen diesen unterschiedlichen Vorteilen auch gravierende Nachteile gegenüber. Der signifikanteste Nachteil besteht in der unklaren Profilierung der einzelnen Produkte der Dachmarke (vgl. Becker 2001, S. 307). Handelt es sich bei dem

Produkt- bzw. Leistungsangebot eines Unternehmens zudem um eine große Anzahl an sehr unterschiedlichen Produkten, kann sich die Dachmarke nur allgemein und weniger als eine spezifische Besonderheit am Markt positionieren (vgl. Becker 2001, S. 307; Esch 2008, S. 353; Homburg/Krohmer 2009, S. 612). Das führt dazu, dass ein Unternehmen mit einer Dachmarkenstrategie sich nur schwer auf eine genaue Zielgruppe konzentrieren kann (vgl. Homburg/Krohmer 2009, S. 612). Allerdings existieren in der Praxis auch Beispiele dafür, dass dies nicht zwingend der Fall sein muss. So hat beispielsweise der Automobilhersteller BMW mit dem Slogan „Freude am Fahren" eine wirksame Klammer über alle seine Automobil- und Motorrad-Modelle hinweg geschaffen. Dies zeigt, dass bei einer Dachmarke insbesondere die Bekanntheit, die Kompetenz und das Vertrauen Merkmale bilden, die auf die einzelnen Produkte der Dachmarke weitergegeben werden (vgl. Esch 2008, S. 353).

Ein zusätzliches Problem dieser Strategie ist die Gefahr von negativen Ausstrahlungseffekten. Kommt es beispielsweise zu einem Produktflop oder einem möglichen Fehlmanagement bei einem der Produkte, kann der daraus resultierende negative Ausstrahlungseffekt auf weitere Produkte der Marke übergreifen und somit die gesamte Dachmarke schädigen (vgl. Böhler/Scigliano 2005, S. 107; Homburg/Krohmer 2009, S. 612) (sog. Reputation Risk; vgl. Esch 2008, S. 354). Außerdem besteht bei dieser Form der Markenstrategie die Gefahr einer Markenüberdehnung (vgl. Müller 2011, S. 2–28). Dieser Nachteil kann sich vor allem bei Luxusmarken sehr gravierend auswirken. Bietet ein Unternehmen unter seiner Dachmarke zu viele Produkte an, läuft die Dachmarke Gefahr, aufgrund einer Verwässerung ihre Glaubwürdigkeit und vor allem ihr Prestigeimage zu verlieren (vgl. Belz 1994, S. 648; Müller 2011, S. 2–28).

Trotz ihrer Nachteile wird die Dachmarkenstrategie von Luxusunternehmen oft gewählt. Eine wesentliche Rolle spielt in diesem Zusammenhang die klare Verbindung der Stammmarke mit den einzelnen Produkten. Darüber hinaus eignen sich Dachmarken besonders gut zu einer Ausweitung, d. h., die Luxusmarke ist ohne Probleme in der Lage, neue zusätzliche Produkte einzuführen und so ein ganzes Luxusuniversum aufzubauen (vgl. Lasslop 2005, S. 483).

In der nachfolgenden Tabelle 3 sind die wichtigsten Vor- und Nachteile der Dachmarkenstrategie noch einmal zusammengefasst.

Vorteile	Nachteile
• Aufbau einer unvergleichbaren Unternehmens- und Markenpersönlichkeit	• keine klare Profilierung der einzelnen Produkte möglich
• alle Produkte des Unternehmens tragen gemeinsam zur Profilierung der Dachmarke bei	• nur allgemeine, weniger spitze Positionierung
• leichte Einführung von Produktneuheiten und schnellere Akzeptanz bei Konsumenten und Handel (geringes Floprisiko aufgrund von Markengoodwillübertragung)	• keine genaue Konzentration auf eine bestimmte Zielgruppe möglich
• notwendiger Markenaufwand wird von allen Produkten gemeinsam getragen	• Gefahr von negativen Ausstrahlungseffekten
	• Problem der Imageverwässerung
	• Gefahr der Markenüberdehnung

Tabelle 3: Vor- und Nachteile der Dachmarkenstrategie
Quelle: In Anlehnung an Becker (2001), S. 307; Müller 2011, S. 2–25

3.1.3 Familienmarkenstrategie

Das Prinzip der Familienmarkenstrategie (die u. a. auch als Produktgruppenstrategie oder Product Line Branding (vgl. Homburg/Krohmer 2009, S. 613) bezeichnet wird) besteht darin, dass für mehrere Produkte (= Produktgruppe, Produktlinie; vgl. Becker 2001, S.304) eine einheitliche Marke ausgewählt und verwendet wird (vgl. Becker 2001, S. 304; Esch 2008, S. 348), ohne einen direkten Bezug zu dem Unternehmensnamen nehmen zu müssen (vgl. Meffert 2002, S. 142). Ist das Unternehmen somit in mehreren unterschiedlichen Produktbereichen beschäftigt, wird für jede so genannte Produktlinie eine eigene Familienmarke genutzt (vgl. Böhler/Scigliano 2005, S. 107). Zur Anwendung sollte das Familienmarkenkonzept vor allem dann kommen, wenn ein Unternehmen einzelne Produkte zu Produktgruppen mit einem einheitlichen Nutzenversprechen zusammenfassen kann (vgl. Homburg/Krohmer 2009, S. 613). Mittlerweile wird diese Form der Betrachtung jedoch als veraltet angesehen, da bei vielen Unternehmen die Familienmarken meist über die Grenzen ihrer definierten Produktlinien hinausgehen.

Auf der Basis dieser Entwicklung wird von Kapferer (2004) zwischen zwei unterschiedlichen Formen der Familienmarkenstrategie unterscheiden, und zwar zwischen

- der Line Brand Strategy, die das klassische Bild der Familienmarke verkörpert, und

- der Range Brand Strategy, bei der über die traditionelle Produktgruppe hinausgegangen wird.

Von der Dachmarkenstrategie unterscheidet sich die zweite Form dadurch, dass die Unternehmen gleichzeitig noch weitere Marken führen (vgl. Esch 2008, S. 348), die im selben oder in anderen Produktfeldern positioniert sein können (vgl. Meffert 1998, S. 796).

> **Beispiel:** Ein Beispiel für die neuere und umfassendere Form der Familienmarkenstrategie bietet die Marke Clarins. Alle Produkte, die unter Clarins geführt werden, gehören ein und derselben Grundpositionierung an, und zwar der natürlichen Schönheitspflege (vgl. Clarins 2010a). Das Produktprogramm dieser Familienmarke streckt sich von der Pflegecreme über dekorative Kosmetik bis hin zu Reinigungswasser (vgl. Clarins 2010b).

Die Familienmarkenstrategie stellt einen Mittelweg zwischen der Einzel- und Dachmarkenstrategie dar. Sie kombiniert die Profilierungsvorteile und die Möglichkeit der klaren Positionierung der Einzelmarkenstrategie mit den ökonomischen Vorteilen und den Synergiepotenzialen der Dachmarkenstrategie (vgl. Esch 2008, S. 348f.; Homburg/Krohmer 2009, S. 613) und bietet den Unternehmen so die Gelegenheit, von beidem zu profitieren (vgl. Esch 2008, S. 348f.).

Als weitere Vorteile der Familienmarkenstrategie sind u. a. das verringerte Floprisiko bei Produktneueinführungen sowie die schnelle Akzeptanz bei Handel und Konsumenten zu nennen (vgl. Böhler/Scigliano 2005, S. 107; Meffert 1998, S. 797). Auch bei dieser Strategie kann das bereits etablierte gute Image (der Marken-Goodwill), das die Marke durch Kompetenz und Vertrauen aufgebaut hat, auf die neuen Produkte transferiert werden (vgl. Meffert 1998, S. 797; Müller 2011, S. 2–27). Mittels der Nutzung dieser Synergieeffekte minimieren sich schließlich auch die Aufwendungen bei der Markenbildung (vgl. Meffert 1998, S. 797). Als ökonomische Vorteile der Familienmarkenstrategie können insbesondere die Tatsache, dass auch bei dieser Strategie mehrere Produkte die Markenaufwendungen gemeinsam tragen (vgl. Müller 2011, S. 2–27), wie auch die Bildung eines preispolitischen Spielraums genannt werden. Voraussetzung für den Preisspielraum bildet eine starke Markenbindung, die die Konsumenten durch den ständigen und breiten Kontakt mit den einzelnen Produkten der Familienmarke aufbauen (vgl. Meffert 1998, S. 797).

Ein Nachteil des Familienmarkenkonzeptes liegt in der Gefahr negativer Ausstrahlungseffekte unter den jeweiligen Produkten der Familienmarke. Ein so genannter Badwill-Transfer kann insbesondere dann erfolgen, wenn die einzelnen Produkte bezüglich ihrer strategischen Ausprägung zu verschieden sind, d. h., wenn ein Unternehmen sich überlegt, einen Teil seiner Produkte unter der Familienmarke in einem Marktsegment mit niedrigem Preis- oder Qualitätsniveau und einen anderen Teil der Familienmarkenprodukte in einem höheren Preis- oder Qualitätssegment zu positionieren (vgl. Meffert 1998, S. 797; Meffert 1994, S. 186). Ebenso kann das positive Image einer Marke leiden, wenn einzelne Produkte ein negatives Bild produzieren. So kann z. B. das Tierschutz-Image einer Familienmarke schlimmen Schaden nehmen, wenn eines der von ihr geführten Produkte auf der Basis von Tierversuchen getestet wird. Darüber hinaus besteht auch bei dieser Markenstrategie eine Gefahr der Markenüberdehnung. Werden unter einer Familienmarke zu viele verschiedene Produkte geführt, kann dies zu einer Verwässerung führen. Um diese Gefahr zu mindern, ist es für ein Unternehmen wichtig, bei der Einführung von neuen Produkten nicht zu weit von ihren Ausgangsprodukten abzuweichen (vgl. Becker 2004, S. 650; Müller 2011, S. 2–27).

Ähnlich wie die Dachmarkenstrategie ist die Familienmarkenstrategie bei Luxusunternehmen vermehrt vertreten (vgl. Lasslop 2002, S. 341). Auch in diesem Fall spielen die Markenausdehnungsmöglichkeiten wieder eine wesentliche Rolle. Hat eine Luxusmarke erst eine Familienmarke etabliert, kann sie diese, wie das Beispiel von Clarins zeigt, entlang ihrer Grundpositionierung ausweiten, ohne auf Akzeptanzschwierigkeiten bei den Kunden zu stoßen.

Tabelle 4 zeigt noch einmal die wesentlichen Vor- und Nachteile der Familienmarkenstrategie.

Vorteile	Nachteile
• geringes Floprisiko bei Produkteinführungen und schnellere Akzeptanz bei Handel und Konsumenten	• negative Ausstrahlungseffekte (Badwilltransfer)
• Nutzung von Synergieeffekten möglich	• Gefahr der Markenüberdehnung bzw. Markenverwässerung aufgrund von zu vielen unterschiedlichen Produkten
• Markenaufwand wird von mehreren Produkten gemeinsam getragen	
• Aufbau eines preispolitischen Spielraums	

Tabelle 4: Vor- und Nachteile der Familienmarkenstrategie
Quelle: In Anlehnung an Meffert (1998), S. 797; Müller 2011, S. 2–27

3.2 Dynamische Markenstrategien

Neben den grundsätzlichen drei Gestaltungsalternativen der Markenarchitektur haben Unternehmen zudem die Aufgabe, Entscheidungen im Hinblick auf die Weiterentwicklung ihrer Markenarchitekturen zu treffen (vgl. Homburg/Krohmer 2009, S. 614). Zu beachten ist dabei die Wahl einer passenden Markenarchitektur, die die über mehrere Jahrzehnte aufgebaute Kraft und Einzigartigkeit der jeweiligen Marken wahren kann und den Unternehmen trotzdem die Möglichkeit bietet, ihre Marken auszuweiten und neue Umsatzquellen zu erschließen (vgl. Belz 1994, S. 648). In diesem Zusammenhang kann ein Unternehmen zwischen folgenden Weiterentwicklungsstrategien (= dynamischen Markenstrategien) differenzieren:

- Linienausweitung (Line Extension),

- Markentransfer (Brand Extension) sowie

- Parallelmarkeneinführung (Multibranding) (vgl. Homburg/Krohmer 2009, S. 614ff.).

Diese dynamischen Markenstrategien sollen nun im Folgenden sukzessiv behandelt werden.

3.2.1 Linienausweitung

Eine Linienausweitung (Line Extension) besteht, wenn eine am Markt bereits bestehende Marke auf ein neues Produkt bzw. auf eine neue Produktvariante einer am Markt existierenden Produktgruppe ausgeweitet wird. Diese Form der Markenstrategie findet häufig Verwendung, wenn neue Produktvarianten, die sich von dem Basisprodukt nur in sehr geringem Maße unterscheiden, in den Markt eingeführt werden. Aufgrund der vielen Parallelen kann diese Strategie im Allgemeinen auch der Produktvariation bzw. der Produktdifferenzierung gleichgesetzt werden (vgl. Homburg/Krohmer 2009, S. 615). So fasst auch Lasslop (2002) die Linienausweitung als eine Strategie zusammen, bei der „durch Variationen eines bestehenden Produktes die differenzierte Anpassung an spezifische Bedürfnisse einzelner Kundensegmente zu realisieren und damit letztlich eine bessere Marktabdeckung zu gewährleisten" ist (Lasslop 2002, S. 341). Als Zielsetzung verfolgt die Linienausweitung eine Absatzsteigerung durch intensivere Produktnutzung bei den bereits existierenden Kunden sowie durch die Erschließung neuer Zielgruppen (vgl. Homburg/Krohmer 2009, S. 615).

Beispiel 1: Ein Beispiel für eine Linienausweitung wären die unterschiedlichen Modelle des italienischen Automobilherstellers Maserati. So ist Maserati, der insbesondere für Dynamik und Sportlichkeit (vgl. Maserati 2010a) steht, mit seiner Linienausweitung ‚Quattroporte' (einer Luxuslimousinen-Variante) (vgl. Abb. 10 und Maserati 2010b) in der Lage, zusätzliche Kundensegmente anzusprechen.

Beispiel 2: Ein weiteres Beispiel der Line Extension liefern die verschiedenartigen Geschmacksvariationen (vgl. Abb. 10) der Prestige-Wodka-Marke Belvedere (vgl. Belvedere Vodka 2010a), die sich durch ihre diversen Geschmacksrichtungen an die individuellen Kundenbedürfnisse anpassen möchte.

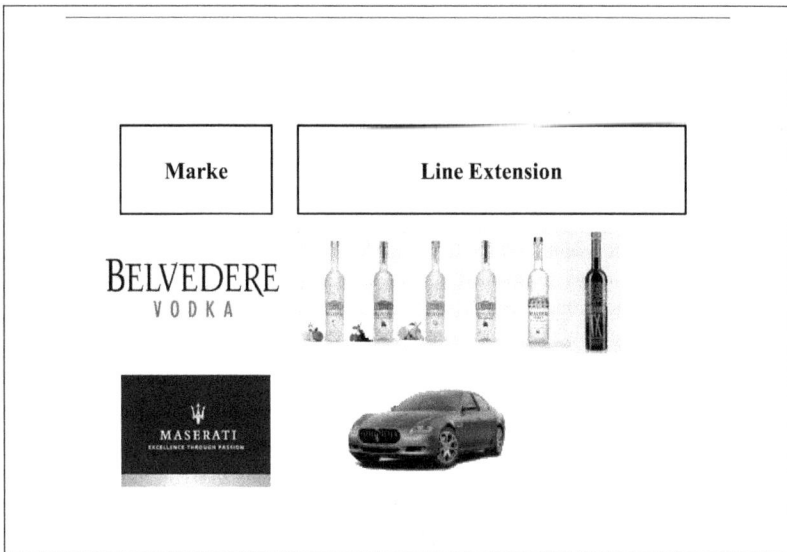

| Marke | Line Extension |

Abbildung 10: Linienausweitungen am Beispiel von Belvedere Vodka und Maserati

Quelle: In Anlehnung an Sattler/Völckner (2007), S. 91; Belvedere Vodka (2010a); Maserati (2010b)

In Bezug auf Luxusmarken wird neben dem Ziel der allgemeinen Umsatzsteigerung insbesondere auf eine Aktualisierung des Markenimages sowie der Markenkompetenz hingearbeitet (vgl. Lasslop 2002, S. 341). Diesbezüglich legen Luxusmarken einen großen Wert auf innovative Weiterentwicklungen, vor allem im Rahmen modischer Trends. Damit diese Innovationen zudem besser vermarktet werden können, achten viele Unternehmen darauf, einen klar erkennbaren Bezug zu der Stammmarke aufzuweisen („Endorsed Branding") (vgl. Lasslop 2002, S. 341).

Beispiel 1: Ein solches Endorsed Branding liefert die Marke Kenzo, die mit ihrer neuen Parfümlinie Flowers by Kenzo oder Tokyo by Kenzo (vgl. Kenzo Parfums 2010) eine völlig neue Produktvariation auf den Markt bringt und trotzdem auf eine klare Verbindung zur Stammmarke besteht, um die Weiterentwicklung ihrer Marke zu demonstrieren (vgl. Lasslop 2002, S. 341).

Beispiel 2: Als weiteres Beispiel können die unterschiedlichen Modekollektionslinien aufgeführt werden, die Luxusmarken wie Chanel (vgl. Chanel 2010), Dior (vgl. Dior Couture 2010), Cavalli (vgl. Roberto Cavalli 2010) und diverse weitere zu jeder Frühling/Sommer- und Herbst/Winter-Saison auf den Laufstegen präsentieren. Häufig demonstrieren die Modemarken anhand dieser Line Extensions ihre Kreativitäts-und Innovationskraft (vgl. Lasslop 2005, S. 483; Lasslop 2002, S. 341).

Jedoch sollte im Rahmen der Line Extension auch auf mögliche Probleme und Risiken geachtet werden. Dementsprechend kann eine zu starke Ausdehnung eine zu hohe Auswahl an unterschiedlichen Produktvarianten hervorbringen und die Nachfrager vor unnötige Entscheidungsschwierigkeiten stellen. Durch den daraus resultierenden Verlust des Überblicks über das Produktsortiment (vgl. Homburg/Krohmer 2009, S. 615) geht eine wesentliche Aufgabe der Marke, und zwar die der Orientierungshilfe, völlig verloren.

Beispiel: Hier kann erneut die Line Extension von Belvedere Vodka angeführt werden. Durch ihre Ausweitung in verschiedene Geschmacksrichtungen (vgl. Belvedere Vodka 2010a) und Flaschengrößen (vgl. Bottle World 2010, o. S.) sieht sich der Konsument beim Kauf mit einer umfangreichen Auswahl konfrontiert und gerät so möglicherweise in Auswahlschwierigkeiten.

Um dieses Risiko minimal zu halten, sollten Unternehmen sich mit den Erfolgsfaktoren einer Linienausweitung befassen. Im Rahmen einer empirischen Erhebung wurden diese von Reddy, Holak und Bhat (1994) herausgearbeitet. Sie belegen, dass Line Extensions vor allem bei Marken erfolgreich sind, die

- einen hohen Bekanntheitsgrad aufweisen,

- ein starkes emotionales bzw. symbolisches Image besitzen,

- ihre Line Extensions intensiv durch Werbung und Verkaufsförderung unterstützen,

- ihre Line Extensions tendenziell früher auf den Markt bringen als die Wettbewerber,

- die Linienausweitungen dazu benutzen, neue Märkte zu erschließen, und

- durch die Absatzsteigerung der Line Extensions Kannibalisierungseffekte[2] mindestens ausgleichen können (vgl. Homburg/Krohmer 2009, S. 615f.).

3.2.2 Markentransfer

Eine zweite Option zur Weiterentwicklung der Markenarchitektur ist der Markentransfer (Brand Extension). Dieser liegt in der Regel vor, wenn eine bestehende Marke auf Produkte einer anderen Produktgruppe übertragen wird. Zunehmend finden in der Unternehmenspraxis auch Transfers auf vollkommen verschiedenartige Produkte statt, d. h., dass der Markenname auf Produkte transferiert wird, die mit dem Ursprungsprodukt fast nichts mehr gemeinsam haben (vgl. Homburg/Krohmer 2009, S. 616; Mazzalovo 2003, S. 86).

---

[2] Als Kannibalisierungseffekt wird die Substitutionsbeziehung zwischen verschiedenen Angeboten eines Unternehmens angesehen (vgl. Markenlexikon 2011).

Beispiel 1: Ein Luxusunternehmen, das seine Marke auf völlig neue Produktgruppen transferiert, ist der Automobilhersteller Porsche. Neben seinen Fahrzeugen vertreibt Porsche zusätzlich Uhren, Sonnenbrillen, Schreibutensilien (vgl. Dubois/Paternault 1995, S. 71; Gardini 2007, S. 135) sowie eine Anzahl an unterschiedlichen Lifestyle-Accessoires (vgl. Shop 2 Porsche 2010).

Beispiel 2: Auch Bulgari, bei dem es sich ursprünglich um einen italienischen Juwelen-hersteller handelte, nutzt mittlerweile seine Marke, um neben seinem Schmuck auch Uhren, Accessoires, Parfüm, Hautpflegeprodukte und sogar Hotels und Resorts zu vertreiben (vgl. Bulgari 2010a; Gardini 2007, S. 135).

Beispiel 3: Ähnlich haben auch die Modemarken Armani und Versace ihre Marken neben der Bekleidung auf andere Produktbereiche übertragen. Bei beiden Marken gehören dazu u. a. Brillen, Parfüms, Juwelen, Uhren und Hotels (vgl. Armani 2010; Gardini 2007, S. 135; Mazzalovo 2003, S. 86; Versace 2010).

Die Idee des Markentransfers gründet darin, die existierenden positiven Assoziationen bzw. positiven Wahrnehmungen (den Marken-Goodwill; vgl. Haed-rich/Tomczak/Kaetzke 2003, S. 123), die gegenüber einer Marke (Stammmarke) bei den Konsumenten bestehen, intensiver zu nutzen, indem die Marke auf andere zusätzliche Produktlinien übertragen wird (= Spillover-Effekt) (vgl. Homburg/Krohmer 2009, S. 616). Dabei ist zu beachten, dass ein idealer Markenerweiterungsprozess nicht allein durch einen Goodwilltransfer von der Stammmarke auf das Erweiterungsprodukt erfolgt, sondern auch ein Goodwill von dem Erweiterungsprodukt auf die Stammmarke übertragen werden sollte (vgl. Abb. 11 und Haedrich/Tomczak/Kaetzke 2003, S. 123). Die Ziele, die damit verfolgt werden, sind in erster Linie die Ausschöpfung von Wachstumspotenzialen sowie die damit einhergehende Umsatz- und Ertragssteigerung (vgl. Lasslop 2005, S. 483).

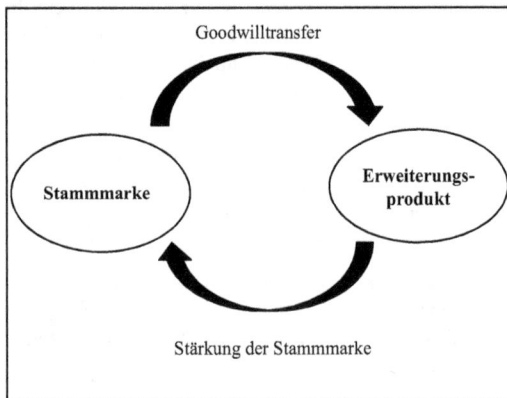

```
              Goodwilltransfer




   Stammmarke            Erweiterungs-
                            produkt




          Stärkung der Stammmarke
```

Abbildung 11: Idealtypischer Markenerweiterungsprozess
Quelle: In Anlehnung an Esch/Fuchs/Bräutigam/Redler (2001), S. 763

Da insbesondere Luxusmarken über mehrere Jahrzehnte aufgebaut werden und somit über einen stabilen Markenkern wie auch eine starke Symbol- und Assozia-
tionskraft verfügen, bieten sie gute Voraussetzungen für diese angestrebten Ziele
(vgl. Lasslop 2005, S. 483). Zum einen sind bekannte Marken in der Lage, in neue
Produktbereiche leichter einzutreten, da sie von ihren positiven Marken-
beurteilungen durch die Kunden profitieren, und zum anderen führen eben diese positiven Erfahrungen mit einer Marke Kunden dazu, weitere Produkte derselben
Marke zu erwerben (vgl. Homburg/Krohmer 2009, S. 616; Müller 2011, S. 2–30).
Durch den leichten Eintritt in neue Märkte eröffnet sich für Luxusmarken somit die
Möglichkeit, ein ganzes Luxusuniversum aufzubauen (vgl. Lasslop 2005, S. 483;
Meffert/Lasslop 2004, S. 941).

Beispiel: So hat die Marke Montblanc sich beispielsweise auf zusätzliche Produktbereiche wie Lederwaren und Uhren ausgedehnt. Um seine Kunden jedoch nicht zu ver-
unsichern, hat das Markenunternehmen streng darauf geachtet, sich auf Produkte auszuweiten, die das gleiche Maß an handwerklichem Geschick benötigen, das typische
Montblanc-Design annehmen sowie die Markentradition verkörpern können. Montblanc
war es wichtig, in Bereiche zu gehen, die das Thema der Schreibkultur ergänzen, so der
Marketing Director von Montblanc Deutschland, Achim Peltz (vgl. Berdi 2003, S. 103).

Allerdings existieren in dieser Form der Markenarchitekturveränderung auch be-
trächtliche Risiken. Eines dieser Risiken besteht in dem möglichen Verlust eines
klaren Markenprofils (= Markenverwässerung). Dies kann insbesondere dann auftreten, wenn das Ausgangs- und Transferprodukt stark voneinander abweichende
Zielgruppen anspricht. Darüber hinaus kann die Glaubwürdigkeit der Marke ver-

loren gehen, wenn sie zu viele Markentransfers in einer kurzen Zeitperiode durchführt (vgl. Homburg/Krohmer 2009, S. 616).

Somit wird deutlich, dass es Grenzen in der Markendehung gibt (vgl. Esch 2008, S. 462), die Unternehmen versuchen sollten nicht zu überschreiten, um mögliche Image- und Glaubwürdigkeitsverluste zu verhindern. Entscheidender Erfolgsfaktor des Markentransfers ist die Affinität der Images von Ausgangs- und Transferprodukt. Herrscht nur eine geringe Imageaffinität, können negative wechselseitige Ausstrahlungseffekte auftreten (vgl. Homburg/Krohmer 2009, S. 616) oder mögliche Markenerosionen durch unstimmige Transferprodukte entstehen (vgl. Becker 2002, S. 203f.).

Beispiel: Ein Beispiel für einen gelungen Aufbau eines Luxusuniversums liefert der Markenführer Armani. Der Kern dieser Marke ist so stabil, dass sich trotz sehr umfangreicher Ausdehnung in ferne Produktbereiche kein Verlust des Markenprofils ereignet und die Modemarke ihre Glaubwürdigkeit behält. Beispiele für Produktsegmente, auf die Armani seinen Markennamen transferiert hat, sind u. a.:

- Armani Casa – Möbel, Lampen, Bettwäsche, Wohnaccessoires (vgl. Giorgio Armani 2010a)

- Emporio Armani – Bekleidung, Accessoires, Schuhe (vgl. Emporio Armani 2010)

- Armani Beauty – Hautpflegeprodukte, dekorative Kosmetik, Parfüms (vgl. Giorgio Armani Beauty 2010)

- Armani Fiori – Blumengestecke, Blumensträuße (vgl. La Sposa 2010; Baas 2003, o. S.)

- Armani Dolci – Pralinen, Schokoladenkonfekt, Kekse (vgl. Giorgio Armani 2010b)

- Armani Libri – Bücher, Bildbände (vgl. Baas 2003, o. S.; Ganz-München 2010)

- Armani Hotels and Resorts (vgl. Armani Hotels 2010)

- Armani Bars and Restaurants (vgl. Engelhorn 2010, o. S.)

3.2.3 Parallelmarkeneinführung

Als letzte Möglichkeit der Weiterentwicklung wird im Rahmen dieser Arbeit die Parallelmarkeneinführung (Multi Branding) betrachtet. In diesem Fall entscheidet sich ein Unternehmen, in eine bereits bestehende Produktlinie parallel zur schon vorhandenen Marke weitere selbständige Marken einzuführen (vgl. Homburg/Krohmer 2009, S. 616; Meffert/Perrey 2005, S. 217). Häufig wird diese Form auch Mehrmarkenstrategie genannt, da das Unternehmen nun zwei oder mehr Marken in derselben Produktkategorie führt (vgl. Esch 2008, S. 461; Müller 2011, S. 2–30). Diese Marken sind in der Regel auf den Gesamtmarkt ausgerichtet und können sich in ihren Produkteigenschaften, ihrer Preisklasse sowie ihrem Marktauftritt unterscheiden (vgl. Meffert 1998, S. 794).

Beispiel 1: Mit ihrer Mehrmarkenstrategie offeriert die Volkswagen AG beispielsweise diverse Fahrzeuge parallel. Grob betrachtet befinden sich bei VW im Segment der Luxuslimousinen und Sportwagen die Marken Lamborghini, Bugatti und Bentley, wohingegen die Marken Seat, Skoda, Audi, Scania und VW die vergleichsweise weniger luxuriösen Segmente des PKW-Weltmarktes ansprechen (vgl. Volkswagen AG 2010). Aufgrund der unterschiedlichen Positionierungen und Preiskategorien seiner Automobile ist VW in der Lage, einen großen Teil des Marktes abzudecken und verschiedenartige Nachfragergruppen anzusprechen.

Beispiel 2: Des Weiteren wird die Mehrmarkenstrategie auch von dem französischen Luxuskonzern LVMH angewendet. So vertreibt das Unternehmen im Produktsegment Wein und Spirituosen sechs unterschiedliche Champagnermarken wie z. B. Moët & Chandon, Dom Pérignon, Veuve Clicquot Ponsardin oder Krug (vgl. LVMH 2010b). Mit dieser Auswahl an verschiedenen Marken ist LVMH imstande, den unterschiedlichen Kundenbedürfnissen besser entgegenzukommen und folglich auch den Champagnermarkt leistungsfähiger abzuschöpfen.

Das dahinter stehende Ziel ist hierbei die Ansprache zusätzlicher Nachfragergruppen, die durch die bisherigen Marken nicht bzw. nur in geringer Form erreicht werden (vgl. Homburg/Krohmer 2009, S. 616; Müller 2011, S. 2–30). Unternehmen zielen mit dem Multi Branding auf eine vermehrte Marktabdeckung (vgl. Esch 2008, S. 462) und folglich eine nachhaltige Verbesserung der Marktabschöpfung ab (vgl. Büchelhofer 2002, S. 528). Außerdem kann mit der Führung von mehr als einer Marke besser auf die zunehmende Heterogenität der Konsumentenbedürfnisse eingegangen werden, da sie flexibleres Handeln als bei dem vorher beschriebenen Markentransfer erlaubt (vgl. Esch 2008, S. 462). Die Gefahr der Verwässerung oder gar Verwirrung der Nachfrager, die sich durch die zu weite Ausdehnung eine Marke ereignen kann, wird hierbei umgangen, indem man für den Eintritt in neue Marktsegmente einfach neue Marken einführt und die Leistungsvielfalt auf diese Weise vergrößert (vgl. Meffert/Perrey 2005, S. 214).

Außerdem bietet die parallele Führung von mehreren Marken den Vorteil, potenzielle Markenwechsler an sich zu binden (vgl. Meffert 1994, S. 184; Müller 2011, S. 2–30). Dieser Faktor spielt häufig eine Rolle, wenn Konsumenten aufgrund von zu hohen Preisen eine Marke nicht kaufen möchten oder können und dem Unternehmen dadurch ohne weiteres verloren gehen. Um dies zu verhindern, sind Markenführer mit der Einführung einer zusätzlichen billigeren Marke in der Lage, den Konsumenten einen Markenwechsel zu ermöglichen, ohne dass sie dem Unternehmen automatisch verloren gehen (vgl. Homburg/Krohmer 2003, S. 531).

Beispiel: Aus diesem Grund hat die Modemarke Armani mit Armani Exchange eine Marke auf den Markt gebracht, die Bekleidung, Accessoires und Schuhe im vergleichsweise preiswerteren Segment anbietet (vgl. Armani Exchange 2010).

Allerdings kann die Einführung von zusätzlichen Marken für ein Unternehmen problematisch werden, wenn es angesichts marginaler Differenzierung zwischen den unterschiedlichen Marken zu Kannibalisierungseffekten kommt (vgl. Esch 2008, S. 462; Homburg/Krohmer 2009, S. 617; Müller 2011, S. 2–30). Dies trifft in der Regel zu, wenn die Marken über dieselben Kanäle vertrieben werden.

Beispiel: Bezieht man sich hier beispielsweise wieder auf die von LVMH vertriebenen Champagnermarken, so kann man sagen, dass sich all diese Champagnermarken auf dem vergleichsweise selben Exklusivitätsniveau befinden und deshalb häufig bei denselben ausgewählten Händlern verkauft werden (vgl. Harrods 2010). Auf diese Weise konkurrieren die Marken am Point-of-Sale unmittelbar miteinander und erzeugen unter sich einen Kannibalisierungseffekt.

3.3 Markenanreicherung

Das Konzept der Markenanreicherung (Brand Leverage) (vgl. Markenlexikon 2010b) besteht darin, das Image der eigenen Marke durch die Verknüpfung mit anderen Imageobjekten (wie z. B. Personen, Veranstaltungen oder Ländern) zu stärken oder zu verändern (vgl. Baumgarth 2008, S. 194; Markenlexikon 2010b). Nach Keller (2003) ist es eine „leverage of related or 'secondary' brand associations [that is linking] […] brands […] to other entities that have their own knowledge structures in the minds of consumers. Because of these linkages, consumers may assume or infer that some of the associations or responses that characterize the other entities may also be true for the brand"(Keller 2003, S. 349f.). Bevor ein Unternehmen jedoch ein zusätzliches Imageobjekt einbinden kann, sollten vorweg zwei wichtige Entscheidungen getroffen werden. Die erste Entscheidungsebene befasst sich dabei mit der grundsätzlichen Frage, ob die eigene Marke ein zusätzliches Imageobjekt braucht und wozu ihr dieses dienen soll, wohingegen die zweite Entscheidungsebene sich anschließend mit der konkreten Auswahl der Imageobjekte auseinandersetzt. Wichtig ist es dabei, darauf zu achten, dass das ausgewählte Objekt zu der Marke passt und die Zielsetzung der Markenführung unterstützt (vgl. Baumgarth 2008, S. 194f.). Das bedeutet, dass ein so genanntes ‚Fit' zwischen Marke und unterstützendem Imageobjekt geschaffen werden muss, um eine erfolgreiche Markenanreicherung durchführen zu können (vgl. Baumgarth 2008, S. 195).

Eine solche Integration von möglichen Imageobjekten kann für eine Marke erhebliche Vorteile mit sich bringen. So kann das Einbeziehen von zusätzlichen Imageobjekten zum einen zu einer Steigerung der Markenbekanntheit in der Markenaufbauphase führen und zum anderen die Markenglaubwürdigkeit bei der Positionierung sowie in der Phase einer Umpositionierung unterstützen (vgl. Baumgarth 2008, S. 195).

Auf der anderen Seite kann eine derartige Verknüpfung mit einem weiteren Image-objekt der eigenen Marke auch Schaden zufügen. Im expliziten Fall der Be-kanntheitssteigerung besteht beispielsweise die Gefahr eines so genannten Vam-pireffektes (vgl. Baumgarth 2008, S. 195), der die Ablenkungswirkung zusätzlicher Imageobjekte von den eigentlichen Marken bezeichnet (vgl. Baumgarth 2008, S. 195; Kroeber-Riel/Weinberg 2003, S. 99). Außerdem besteht bei Marken-anreicherungen die Gefahr einer möglichen Markenverwässerung, die nicht selten mit einem Kontrollverlust verbunden ist, sprich ein Teil der Markenpolitik wird nicht mehr von dem Unternehmen der Marke bestimmt und kontrolliert.

Abbildung 12 zeigt einen Überblick über die unterschiedlichen Optionen der Mar-kenanreicherung, wobei im Rahmen dieser Arbeit nur die grau markierten Varianten der Markenanreicherung genauer diskutiert werden.

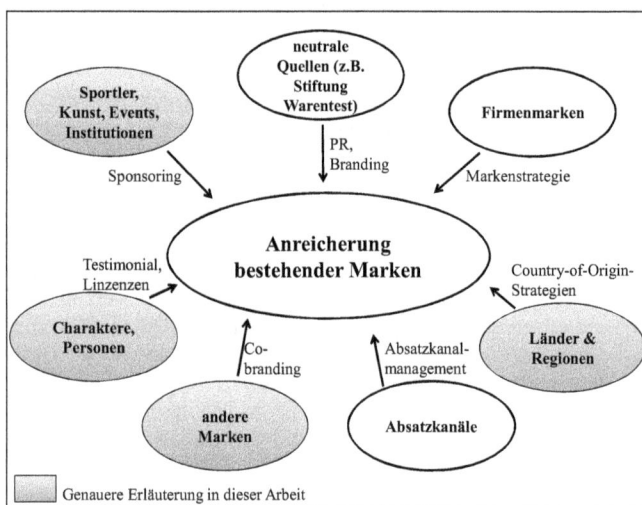

Abbildung 12: Optionen der Markenanreicherung

Quelle: In Anlehnung an Baumgarth (2008), S. 194

3.3.1 Co-Branding

Als Co-Branding wird die Form der Markenanreicherung bezeichnet, bei der sich mindestens zwei eigenständige Marken zusammenschließen, um eine gemeinsame

Leistung bzw. ein gemeinsames Produkt am Markt zu realisieren (vgl. Baumgarth 2008, S. 196f.; Gardini 2009, S. 194f.). Mit anderen Worten erweitert ein Unternehmen seine unternehmenseigene Marke um ein weiteres Markenzeichen, dessen Rechte das Eigentum eines anderen Unternehmens sind (vgl. Müller 2011, S. 2–32). Wichtig ist hierbei, dass die Nachfrager die Marken sowohl vor als auch nach der Kooperation als autonome Marken sehen und dennoch die stattfindende Zusammenarbeit wahrnehmen (vgl. Baumgarth 2008, S. 196f.). Durch den Zusammenschluss sollen die besten Eigenschaften der Kooperationsmarken verknüpft werden, sodass etwas Innovatives daraus entsteht (vgl. Neises 2007, o. S.).

Die Zahl der Co-Brandings ist hoch, da eine solche Kooperation Unternehmen eine zusätzliche Möglichkeit der Differenzierung am Markt bietet. Darüber hinaus stellt es eine Wachstumsquelle dar, die insbesondere von Luxusmarken gerne genutzt wird. Aufgrund ihrer engen Zielgruppe versuchen Luxusmarken vermehrt durch derartige Kooperationen zusätzliche Umsatzpotenziale in neuen Produktsegmenten zu erschließen (vgl. Baumgarth 2008, S. 198; Neises 2007, o. S.).

Beispiel 1: So fertigt der deutsche Luxusküchenhersteller Poggenpohl gemeinsam mit Porsche Design eine Küche, die sich laut Poggenpohl-Chef Elmar Duffner „mit ihrer klaren, funktionalen Formensprache speziell an männliche Kunden wendet" (Neises 2007, o. S.). Durch die Übertragung von Porsches maskulinem Image sowie der Kombination von handwerklicher Fertigung und moderner Technologie (vgl. Poggenpohl-Porsche-Design-Kitchen 2010) auf den Luxusküchenhersteller entsteht eine Steigerung der Glaubwürdigkeit des neuen Produktes. Zudem erlaubt diese Zusammenarbeit beiden Unternehmen, den Markt des anderen zu betreten, ohne auf mögliche Markteintrittsbarrieren zu stoßen (vgl. Baumgarth 2008, S. 198).

Beispiel 2: Aus diesem Grund bewegte auch Louis Vuittons langjährige Erfahrung im Bereich der Gepäckherstellung die Luxusmarke im Jahre 2009 zu einer Kooperation mit der japanischen Luxusautomobil-Marke Infiniti (vgl. o. V. 2009a). Zusammen mit dem japanischen Automobilhersteller (vgl. Infiniti 2010) kreierte Louis Vuitton eine maßgeschneiderte Ledertaschenkollektion für ein Infiniti Concept Car (vgl. o. V. 2009a) und betrat mit dieser Zusammenarbeit den Markt der Automobile. Außerdem ermöglichte dieses Co-Branding für Infiniti, sich nach dem japanischen und nordamerikanischen Markt auch im europäischen Markt zu etablieren (vgl. Joseph 2009, o. S.).

Beispiel 3: So nutzte auch der italienische Modedesigner Giorgio Armani die Zusammenarbeit an einem gemeinsamen Handy mit dem koreanischen Elektronikkonzern Samsung dazu, seinen Markennamen auch auf den Bereich der Consumer Electronics auszuweiten. Ein alleiniger Markeneintritt wäre für die Luxusmarke aufgrund der geringen Glaubwürdigkeit in diesem Produktbereich nur schwer möglich (vgl. Neises 2007, o. S.).

Beispiel 4: Ein weiteres Beispiel für Co-Branding wird zudem von den Uhrenmanufakturen TAG Heuer und Breitling geliefert, die sich auf Zusammenarbeiten mit den Automobilherstellern Mercedes-Benz und Bentley eingelassen haben und nun gemeinsam hochklassige Zeitmesser fertigen (vgl. Abb. 13) (vgl. Neises 2007, o. S.).

| Breitling und Bentley | TAG Heuer und Mercedes-Benz |

Abbildung 13: Co-Branding Beispiele
Quelle: Breitling for Bentley (2010); TAG Heuer (2010a)

Diese Möglichkeit der Umgehung von Markteintrittsbarrieren sowie der erleichterte Eintritt in neue Märkte stellen wesentliche Vorteile dieser Form der Markenanreicherung dar. Außerdem sind Unternehmen aufgrund einer solchen Verknüpfung von Marken in der Lage, Investitionen einzusparen, die für den Aufbau bzw. für eine mögliche Umpositionierung ihrer Marke notwendig gewesen wären (vgl. Baumgarth 2008, S. 198), um sich in einem neuen Produktsegment bzw. in einem neuen Markt zu etablieren.

Als weiterer Vorteil kann der Transfer von positiven Assoziationen bzw. der positive Imagetransfer einer Marke genannt werden (vgl. Baumgarth 2008, S. 198; Neises 2007, o. S.). Durch ein Co-Branding können die jeweiligen Marken von dem positiven Image ihrer Partnermarke profitieren, da Konsumenten die positiven Assoziation, die sie zu einer der Marken aufgebaut haben, durch das Co-Branding häufig auf die Partnermarke übertragen (vgl. Baumgarth 2008, S. 198). Zudem führt so eine Kooperation zu einer wesentlichen Bekanntheitssteigerung der Marke, wenn sich diese mit einer namhaften Marke verbindet (vgl. Müller 2011, S. 2–32).

Beispiel: Der durch eine Kooperation der französischen Luxusmarke Hermès mit dem Hubschrauberhersteller Eurocopter entstandene Helikopter für VIPs und Luxuskunden (vgl. Designboom 2010) profitiert von eben diesem Vorteil. Die Marke Hermès hat durch den Transfer ihres luxuriösen Images (vgl. Hermès 2010) einen klassischen Helikopter in einen Luxus-Helikopter verwandelt. Während dieses Markenbündnis für Hermès vordergründig den Einstieg in einen neuen Markt darstellt, zieht insbesondere Eurocopter einen großen Imagenutzen sowie einen steigenden Bekanntheitsgrad im Luxussektor aus der Zusammenarbeit (vgl. Designboom 2010; Neises 2007, o. S).

Am erfolgversprechendsten sind insbesondere Co-Brandings, bei denen die jeweiligen Partnermarken ergänzende Elemente bzw. Eigenschaften mit einbringen und dem Nachfrager durch die stattfindende Kooperation somit einen Nutzenzuwachs (vgl. Baumgarth 2008, S. 201) bzw. eine aus der Kooperation resultierende Innovation liefern (vgl. Neises 2007, o. S.).

Allerdings bringt Co-Branding auch Nachteile und Risiken mit sich, die den zusammenarbeitenden Marken schaden können. So kann es bei Co-Brandings, wie schon bei den Markentransfers (vgl. Kap. 3.2.2), zu möglichen Spill-Over-Effekten kommen, die die Beurteilung der autonomen Partnermarken durch die Kooperation stark beeinflussen können (vgl. Baumgarth 2008, S. 201). So kann durch die Zusammenarbeit die Gefahr einer insgesamt verschwommenen und ungenauen Markenidentität stark zunehmen (vgl. Meffert 2002, S. 152). Aus diesem Grund ist es wichtig, dass Unternehmen darauf achten, dass ein ‚Fit' zwischen den verknüpfenden Marken besteht und die durch das Zusammenwirken allumfassende Beurteilung für die Partnermarken positiv ausfällt. Unterstützt wird diese Aussage durch ein von Baumgarth (2008) durchgeführtes Laborexperiment, bei dem einer Anzahl von Testpersonen vier fiktive Co-Brandings vorgestellt wurden, die sie beurteilen sollten. In dem Rahmen wurde die Zusammenarbeit sowie das Markenfit zwischen Rolex und Cartier allgemein als positiv und sehr hoch beurteilt, wohingegen die Kooperationsbewertung von Rolex und Vobis negativer ausfiel und das Markenfit als viel geringer angesehen wurde (vgl. Baumgarth 2008, S. 200). Ein gemeinsamer Auftritt erfordert daher eine enge Abstimmung zwischen den kooperierenden Marken und muss versuchen, die selbständigen Identitäten der Marken zu wahren (vgl. Meffert 2002, S. 152).

3.3.2 Lizenzen

Ein weiteres Mittel, das die Integration von zusätzlichen Assoziationen ermöglicht, wird von den Lizenzen (Licensing) geliefert. Hierbei findet eine rechtliche Vereinbarung statt, bei der der Lizenzgeber dem Lizenznehmer ein Nutzungsrecht an einem gewerblichen Schutzrecht (wie z. B. Patent, Marke oder Know-how; vgl. Hätty 1989, S. 43) bewilligt (vgl. Baumgarth 2008, S. 202f.; Müller 2011, S. 2–32) und als Gegenleistung dafür die Zahlung einer Lizenzgebühr verlangt (vgl. Binder 2001, S. 387). Der Lizenzgeber bleibt dabei weiterhin der Eigentümer der Marke, er übergibt dem Lizenznehmer lediglich die Nutzung an seiner Marke (vgl. Pepels 2006, S. 48). Im Wesentlichen können in der Markenpolitik drei Lizenzformen unterschieden werden, die von hoher Relevanz sind: die Marken-, die Charaktere- sowie die Eventlizenzen (vgl. Baumgarth 2008, S. 203). Im Rahmen dieser Arbeit wird speziell auf die Lizenzierung von Marken eingegangen.

Eine der bedeutendsten Grundformen im Bereich der Markenlizenzen stellt dabei das Brand Licensing dar (vgl. Baumgarth 2008, S. 203; Binder 1999, S. 368). Hierbei verwendet der Lizenznehmer die von dem Lizenzgeber erworbenen Markenrechte dazu, seine unmarkierte Leistung bzw. sein unmarkiertes Produkt mit der Lizenzmarke zu kennzeichnen (vgl. Baumgarth 2008, S. 203) sowie die wesentlichen Imagefaktoren der Marke auf seine neuen Produkte in den neuen Produktsegmenten zu übertragen (vgl. Binder 2001, S. 397). Die lizensierten Produkte profitieren anschließend von dem Wiedererkennungswert und den speziellen Imagefaktoren der Marke, die ihnen ein erfolgreiches Bestehen am Markt ermöglichen (vgl. Binder 1999, S. 368). Die Lizenzierung von Marken ist insbesondere im Bereich der Mode- und Prestigemarken ein beliebtes und erfolgreiches Instrument im Rahmen der strategischen Markenführung (vgl. Binder 1999, S. 368; Haedrich/Tomczak/Kaetzke 1997, S. 139). Nahezu jedes Luxusunternehmen versucht sein Produktprogramm mittlerweile mit Hilfe von Lizenzverträgen zu vergrößern (vgl. Chevalier/Mazzalovo 2008, S. 361), indem es sein luxuriöses und hochpreisiges Image auf Lizenzprodukte überträgt (vgl. Binder 1999, S. 368).

Bei einer genaueren Betrachtung des Brand Extension Licensing lässt sich jedoch feststellen, dass es sich um keine reine Markenanreicherungsoption, sondern vielmehr um eine besondere Form des Markentransfers handelt (vgl. Baumgarth 2008, S. 203). Die Unternehmen transferieren ihren Markennamen auf zusätzliche Produkte und treten auf diese Weise in neue Produktsegmente ein.

Beispiel 1: Einer der besten Beweise, dass man sein Produktsortiment durch Lizenzverträge erfolgreich ausweiten kann, ist die deutsche Modemarke JOOP. JOOP hat es mit Hilfe von Lizenzverträgen geschafft, in nahezu alle Produktsegmente einzutreten und seine Marke dort erfolgreich zu etablieren (vgl. Chevalier/Mazzalovo 2008, S. 366). So vergab die Marke in nur einem Jahr 17 Lizenzen, von Brillen (vgl. Baumgarth 2008, S. 203; Pepels 2006, S. 49) und Uhren (vgl. Pepels 2006, S. 48) über Hemden, Jeans und Kinderbekleidung (vgl. Pepels 2006, S. 49) bis hin zu Accessoires (vgl. Haedrich/Tomczak/Kaetzke 1997, S. 139).

Beispiel 2: Und auch die Luxusmarke Chanel hat sich schließlich nach langem Weigern dazu entschlossen, als Lizenzgeber für Brillen zu fungieren (vgl. Chevalier/Mazzalovo 2008, S. 361; Pepels 2006, S. 48).

Generell sind bekannte und prestigeträchtige Luxusmarken besonders gut für die Vergabe von Lizenzen geeignet. Aufgrund ihrer starken emotionalen und symbolischen Kraft sowie ihren einzigartigen Images besitzen sie die besten Voraussetzungen, um Assoziationen und andere wichtige Faktoren auf Lizenzprodukte zu übertragen. Diese Lizenzgeschäfte führen auf beiden Seiten zu erheblichen Vorteilen. Der wesentliche Vorteil auf Seiten des Lizenznehmers ist in jedem Fall die Tatsache, dass er seine Produkte unter einem bereits bekannten Markennamen am Markt anbieten kann und dabei zusätzlich von Markenimagefaktoren, der Konsumentenloyalität sowie der Kundenpräferenz unterstützt wird (vgl. Binder 1999, S. 365). Für den Markenführer, sprich den Lizenzgeber, ergeben sich wiederum insbesondere Vorteile in Bezug auf die Stärke und den Wert seiner Marke (vgl. Binder 1999, S. 365). Von großer Bedeutung sind vor allem

- die Steigerung der Markenloyalität und Markenbindung,

- die Erhöhung des Bekanntheitsgrades,

- die Stärkung und bessere Steuerung der Assoziationen und des Marken-images sowie

- die Lizenzeinnahmen (vgl. Binder 1999, S. 365f.).

Durch die Vergrößerung des Produktsortiments einer Marke ergeben sich für die Konsumenten zusätzliche Markenverwendungsmöglichkeiten, die das Ziel ver-folgen, die Bindung und Loyalität der Konsumenten zu der Marke zu steigern wie auch zu festigen (vgl. Binder 1999, S. 365).

> **Beispiel:** So besitzt der Luxusautomobilhersteller Maybach zusätzliche Produkte wie z. B. Hemden (vgl. Binder 2005, S. 525) und Brillen (vgl. Genuss Maenner 2010) in Li-zenz, um seinen Kunden zwischen den Autokäufen weitere Möglichkeiten zu geben, die Marke zu erwerben und somit eine festere Bindung zu ihr aufzubauen.

Des Weiteren bieten Lizenzverträge vielen Marken auch eine Plattform, um ihren Bekanntheitsgrad zu verbessern. Besonders gut eignet sich dazu die Vergabe einer Parfüm- oder Kosmetiklizenz (vgl. Binder 1999, S. 366). Aufgrund der groß ange-legten Werbekampagnen bei Parfüm- und Kosmetikprodukten sind sie in der Lage, weniger bekannte Marken in einer Region publik zu machen (vgl. Chevalier/Mazzalovo 2008, S. 364) sowie auch zur allgemeinen Steigerung der Marke beizutragen (vgl. Binder 1999, S. 366).

> **Beispiel:** So geschehen im Fall der amerikanischen Modemarke Calvin Klein: Als das Unternehmen seine Lizenz für ein Parfüm vergab, hatte die Marke in Europa nur einen sehr kleinen Bekanntheitsgrad. Mit Hilfe der großen Werbepräsenz im Zuge der Parfüm-einführung gewann die Modemarke jedoch mehr und mehr an Popularität und erleich-terte somit schließlich die einfache Einführung seiner Bekleidungslinien (vgl. Chevalier/Mazzalovo 2008, S. 364).

Des Weiteren ist der Markenführer mittels der gezielten Positionierung und großen Werbepräsenz der Lizenzprodukte in der Lage, Assoziationen und das Image seiner Marke bei den Nachfragern zu verstärken bzw. in gewisse Richtungen zu steuern. Dies verhilft der Marke, ins Gespräch zu kommen und sie immer wieder von neuem zu beleben (vgl. Binder 1999, S. 366).

> **Beispiel:** Als Beispiel lässt sich die französische Marke Lolita Lempicka nennen, die durch ihre Parfüms in Lizenz (vgl. Chevalier/Mazzalovo 2008, S. 368) ihr Markenimage gewollt in die romantisch-verspielte feminine Richtung navigiert und dies mit immerzu neuen romantischen Kreationen bekräftigt (vgl. Sauerborn 2005, o. S.).

Schließlich profitiert der Markeninhaber auch von den ganzen Lizenzeinnahmen, die er durch seine Lizenzgeschäfte mit den unterschiedlichen Unternehmen[3] erwirtschaftet. Diese Einkünfte spiegeln für diverse Unternehmen eine ungewohnte, neue Einnahmequelle wider und tragen bei vielen außerdem einen erheblichen Teil zu den gesamten Umsatzeinnahmen bei (vgl. Binder 1999, S. 366f.; Lasslop/Meffert 2004, S. 941).

Beispiel 1: Unternehmen wie HUGO BOSS oder Jil Sander erwirtschaften beispielsweise knapp 30 % ihres Unternehmensgewinns aus ihren Lizenzeinnahmen (vgl. Binder 1999, S. 367). Die Modemarke HUGO BOSS, die Lizenzen von Brillen bis Unterwäsche (vgl. Pepels 2006, S. 48f.) vergeben hat, erzielt nach eigenen Angaben mit seinen Lizenzen bis zu zweistelligen Umsatzzuwachsraten (vgl. Haedrich/Tomczak/Kaetzke 1997, S. 139).

Beispiel 2: Neben HUGO BOSS und Jil Sander zählt auch die französische Luxusmarke Balmain zu den Marken, die durch ihre Lizenzprodukte einen wesentlichen Anteil an ihren Umsatzerlösen erzielt. Balmain erwirtschaftet laut Chevalier und Mazzalovo (2008) mehr als 50 % ihrer Umsatzeinnahmen aus ihren unzähligen Lizenzprodukten (vgl. Balmain 2010; Chevalier/Mazzalovo 2008, S. 362).

Zudem ist es äußerst wichtig, dass die Lizenzgeber bei einer solchen Kooperation bei der Auswahl ihrer Lizenznehmer darauf achten, dass diese die Identität ihrer Marke wahren und die Produkte der Lizenznehmer das Image des Lizenzgebers genau verkörpern können (vgl. Chevalier/Mazzalovo 2008, S. 364).

Beispiel: Mitte der 90er Jahre plante die Marke Ferragamo ein Parfüm in Lizenz auf den Markt zu bringen und beauftragte damit ein deutsches Unternehmen. Trotz vieler unterschiedlicher Konzepte und Ideen hat sich Ferragamo, insbesondere für die Herstellung von Schuhen und Taschen bekannt (vgl. Ferragamo 2010a), schlussendlich doch gegen eine Zusammenarbeit entschieden, weil sie keines der Konzepte als für ihre Marke angemessen sah und sich somit Sorgen um ihre Markenidentität machte (vgl. Chevalier/Mazzalovo 2008, S. 366).

3.3.3 Testimonial

Eine dritte Möglichkeit der Markenanreicherung bietet die Kooperation mit einem Testimonial. Bei einem Testimonial (auch als Endorsee, Celebrity oder Spokesperson bekannt) handelt es sich in der Regel um eine bei der Zielgruppe bekannte,

---

[3] Anhang 1 zeigt weitere Beispiele für Lizenzmarken mit der expliziten Nennung der jeweiligen Lizenznehmer und Lizenzgeber.

in der Öffentlichkeit stehende Person, die in der Kommunikation für eine Marke auftritt. Die Aufgabe eines Testimonials besteht darin, die von ihr repräsentierte Marke zu empfehlen und für die Qualität und Funktionalität mit dem eigenen Namen zu bürgen (vgl. Baumgarth 2008, S. 204). Mit anderen Worten wirbt das Testimonial für eine Marke und erhöht damit dessen Bekanntheitsgrad. Aufgrund der hohen Aufmerksamkeit, die die Testimonials genießen, wird diese Form der Markenanreicherung von Unternehmen sehr gerne gewählt, um durch die Zusammenarbeit den Aufmerksamkeitsgrad des Celebritys auf die Marken übertragen zu können (vgl. Baumgarth 2008, S. 204). Die Auswahl eines Testimonials kann sowohl auf eine stark in der Öffentlichkeit stehende Person (z. B. Models, Medienfiguren, Schauspieler) als auch auf zum Teil weniger in der Öffentlichkeit präsente Personen (Politiker oder Geschäftsmänner) fallen (vgl. Haase 2000, S. 56; Koeppler 2000, S. 219). Ferner können auch anonyme, jedoch typisch stilisierte Personen wie beispielsweise Sportler oder Hausfrauen als ein Endorsee für eine Marke fungieren (vgl. Haase 2000, S. 56). Generell akzeptieren Konsumenten gemäß Koeppler (2000) die Personen als Testimonials, die ein positives Image ausstrahlen (vgl. Koeppler 2000, S. 217).

Beispiel: Im Fall von Hennessy hat sich das Unternehmen sogar dazu entschlossen, einen seiner Mitarbeiter als Testimonial zu nehmen, um für den eigenen Cognac zu werben. Auf diese Weise garantiert nun Herr Hennessy „persönlich" für die Qualität und Exklusivität seines Produkts (vgl. Haase 2000, S. 56).

Im modernen Kommunikationsmix tauchen immer häufiger unterschiedliche Konstruktionen auf, in denen Prominente für eine Marke als Testimonial auftreten und zur selben Zeit von dem Unternehmen auch gesponsert[4] werden (vgl. Haase 2000, S. 56).

Beispiel: Ein Beispiel dazu kommt von dem amerikanischen Schmuckunternehmen Tiffany & Co., das mit der jungen und erfolgreichen Tennisspielerin Maria Sharapova zusammenarbeitet. Mittels dieser Kooperation wird Tiffany & Co. zum neuen Sponsor der Tennisspielerin, verpflichtet diese gleichzeitig jedoch, als Testimonial für es aufzutreten, um somit ihr jugendliches und erfolgreiches Image auf die Luxusmarke zu übertragen und dadurch möglicherweise auch zu „aktualisieren" (vgl. Ame Info 2008a).

Da Testimonials vermehrt bei Produkten eingesetzt werden, mit denen sich Konsumenten identifizieren möchten und denen sie ein hohes Interesse entgegenbringen („high-interest-involvement-importance") (Haase 2000, S. 56), eignet sich diese Form der Markenanreicherung besonders gut für Luxusmarken. Durch die Verwendung von Prominenten erhoffen sich Luxusunternehmen zum einen, „eine hohe Aufmerksamkeit und überdurchschnittliche Erinnerungswerte" (Koeppler 2000, S. 218) gegenüber ihrer Marke zu erzielen, und zum anderen, eine Übertragung der

---

[4] Das Sponsoring wird im nachfolgenden Kapitel 3.3.4 noch einmal genauer erläutert.

besonderen Eigenschaften auf die eigenen Produkte zu erwirken, um so die Kaufbe-
reitschaft zu steigern. Vor allem bei Luxusmarken besteht ein großes Verlangen der
Kunden, sich mit der Marke und somit auch den repräsentierenden Personen zu
identifizieren und genau das zu übernehmen, was diese bewerben (vgl. Haase 2000,
S. 58).

Beispiel 1: So wurde beispielsweise der Politiker Michail Gorbatschow von der Luxusmarke Louis Vuitton als Testimonial ausgewählt (vgl. o. V. 2007, o. S.), um der Marke
neben ihrem starken Hollywood-Image durch die Zusammenarbeit mit Madonna (vgl.
o. V. 2009b, o. S.) und Scarlett Johansson (vgl. McConnell 2007, o. S.) auch einen
Hauch von Seriosität zu verleihen und mit dieser ernstzunehmenden Persönlichkeit auch
vermehrt diese Seite der Zielgruppe anzusprechen (vgl. Abb. 14).

Beispiel 2: Ebenso kann eine junge und flippige Persönlichkeit, wie es beispielsweise
Sienna Miller ist, eine Marke wie HUGO BOSS dabei unterstützen, die innovative und
moderne Seite der Markenpersönlichkeit zu beweisen (vgl. Stone 2009, o. S.) (vgl. Abb.
14).

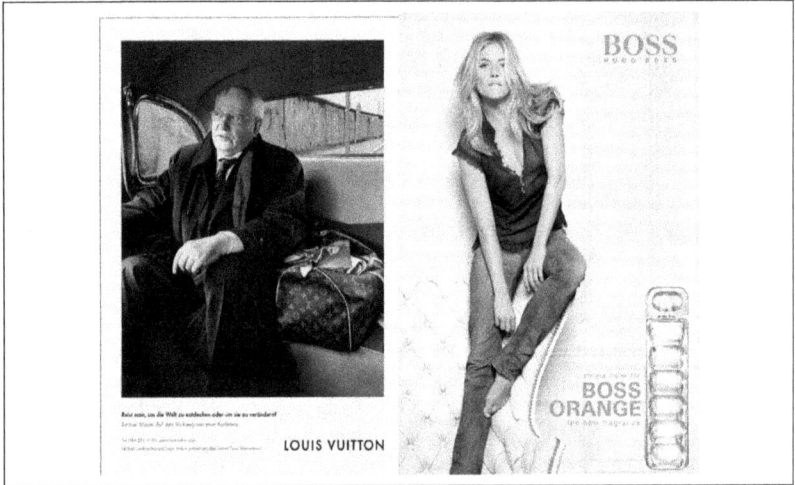

Abbildung 14: Testimonials – Beispiele
Quelle: Bildkritik Wordpress (2007); Stylecrave (2009)

Ein hoher Effekt wird insbesondere dann angenommen, wenn ein Zusammenhang
zwischen den Eigenschaften des auftretenden Testimonials und denen des Marken-
produktes besteht (vgl. Koeppler 2000, S. 218).

Beispiel 1: Hierzu kann die aktuelle Zusammenarbeit des Schauspielers Ryan Reynolds
mit der deutschen Luxusmarke HUGO BOSS genannt werden, der im Rahmen der me-

dialen Werbekampagne für den Herrenduft der Marke als Testimonial fungiert. Der skandalfreie und soeben zum Sexiest Man Alive gewählte Schauspieler (vgl. People 2010) eignet sich somit hervorragend, um das stilsichere maskuline Image zu verkörpern sowie das Vorbild des modernen Mannes, das HUGO BOSS repräsentieren möchte, wiederzugeben (vgl. o. V. 2010b).

Beispiel 2: Ein vergleichsweise ähnliches Beispiel liefert der Einsatz von Nicole Kidman als Testimonial für das Parfüm Chanel No5. Eines der weltberühmtesten Parfüms der Welt wird von einer der erfolgreichsten und zugleich skandalfreiesten Hollywood-Schauspielerin repräsentiert (vgl. Silverman 2003, o. S.) und unterstreicht dadurch den Exklusivitätsgrad, den das Parfüm von Chanel besitzt.

Mit Testimonials sind Unternehmen somit in der Lage, ihre Marke durch das Image einer realen Persönlichkeit zu unterstreichen und zugleich ihre Markenpositionierung zu beweisen (vgl. Baumgarth 2008, S. 204). Wichtig ist in diesem Zusammenhang die Wahl des „richtigen" Testimonials. So zählt Haase (2000) zusätzlich zu der Bekanntheit insbesondere die Kompetenz, Vertrauenswürdigkeit und Attraktivität zu den Faktoren, die die Konsumenten positiv beeinflussen (vgl. Haase 2000, S. 57). Es ist somit darauf zu achten, dass eine prominente Person zum einen glaubwürdig ist (vgl. Baumgarth 2008, S. 204) und zum anderen zu der Persönlichkeit der zu repräsentierenden Marke passt, d. h., dass der Erfolg einer Zusammenarbeit mit Testimonials davon abhängt, ob ein ‚Fit' zwischen der Marke und dem Celebrity besteht (sog. Match-up-Hypothese) oder nicht (vgl. Baumgarth 2008, S. 205).

Beispiel: So kann ein Chanel-Parfüm beispielsweise glaubwürdiger von einer klassisch-weiblichen Frau vertreten werden als von einer sinnlich-exotischen Frau (vgl. Baumgarth 2008, S. 206), da die Markenpersönlichkeit von Chanel für Klassik und weibliche Eleganz steht (vgl. Braun 1997, S. 149f.).

Allerdings birgt auch die Kooperation mit Testimonials Probleme in sich. So kann eine prominente Person, die zur selben Zeit für diverse andere Marken mit ihrem Namen bürgt, eine Marke nicht glaubwürdig genug vertreten, was bedeutet, dass die Zusammenarbeit sich nicht erfolgbringend auswirkt (vgl. Baumgarth 2008, S. 204). Darüber hinaus ist es bekannt, dass Testimonials hohe Erträge erhalten, um ihr Gesicht für eine Marke zu geben. Somit können bei den Konsumenten Zweifel über die Glaubwürdigkeit des Endorsees auftreten (vgl. Koeppler 2000, S. 219f.). Unterstrichen wird diese These von empirischen Erhebungen, die deutlich machen, dass je höher die Anzahl der Marken ist, für die ein Testimonial steht, desto stärker seine Glaubwürdigkeit und Vertrauenswürdigkeit bei der Präsentation der jeweiligen Marken sinkt (vgl. Baumgarth 2008, S. 204f.; Haase 2000, S. 58). Eine weitere Problematik wird von dem Ruf des Prominenten dargestellt. Negative Schlagzeilen bzw. Berichte über ein Testimonial beeinflussen die Glaubwürdigkeit einer Produktbotschaft und werden dadurch zu einer weiteren Gefahr für das Markenunternehmen, für das es fungiert (vgl. Koeppler 2000, S. 221). Denn die mit den negativen Berichten einhergehende Abwertung des Testimonials führt zugleich zu einer

Abwertung der Marke, die sie repräsentiert (vgl. Baumgarth 2008, S. 205). So wurde am Beispiel von Chrysler belegt, dass sich die Abwertung der Beliebtheit und Vertrauenswürdigkeit der Marke auf die Beurteilung der Qualität und Sicherheit ihrer Produkte auswirkt (vgl. Koeppler 2000, S. 221).

Beispiel: Hierzu kann die Trennung der beiden Luxusmarken Burberry und Chanel von ihrem Testimonial Kate Moss genannt werden, da die an die Öffentlichkeit gelangten Drogenschlagzeilen über sie ein schlechtes Bild verbreiteten, das durch die weitere Kooperation auf die Marken transferiert zu werden drohte (vgl. Frith 2005, o. S.).

Schließlich kann auch die Attraktivität den Erfolg einer Zusammenarbeit mit einem Testimonial gefährden. Aus gutem Grund werden vor allem schöne Personen als Testimonials ausgewählt, denn es wurde nachgewiesen, dass Konsumenten zum einen dazu neigen, ihnen mehr positive Eigenschaften zuzuordnen, und zum anderen schöne Personen eher nachahmen möchten (vgl. Haase 2000, S. 58). Allerdings sollten Unternehmen darauf achten, wenn sie mit erotisch-sexueller Anziehung arbeiten, dass die Gefahr eines Vampireffektes auftreten kann. Zwar erhält die Marke eine hohe Aufmerksamkeit und erhöht dadurch ihre Wiedererkennung, jedoch lenken solche Testimonials von dem eigentlich beworbenen Produkt ab (vgl. Haase 2000, S. 58).

Beispiel 1: Beispielhaft kann hierzu die Zusammenarbeit der Modemarke Armani mit den beiden Testimonials Cristiano Ronaldo und Megan Fox (vgl. Armani Jeans 2010) genannt werden. Aufgrund ihrer sehr großen Bekanntheit sind sie gute Testimonials. Allerdings wird in der Kampagne viel nackte Haut präsentiert, die von der Verarbeitung der eigentlichen Produktinformation ablenkt (vgl. Abb. 15).

Beispiel 2: Dasselbe trifft auch für die Kooperation von Dior mit der Schauspielerin Charlize Theron zu (vgl. Dior 2010), die mit ihrer hohen Attraktivität von der ursprünglichen Werbemessage wegsteuert (Abb. 15).

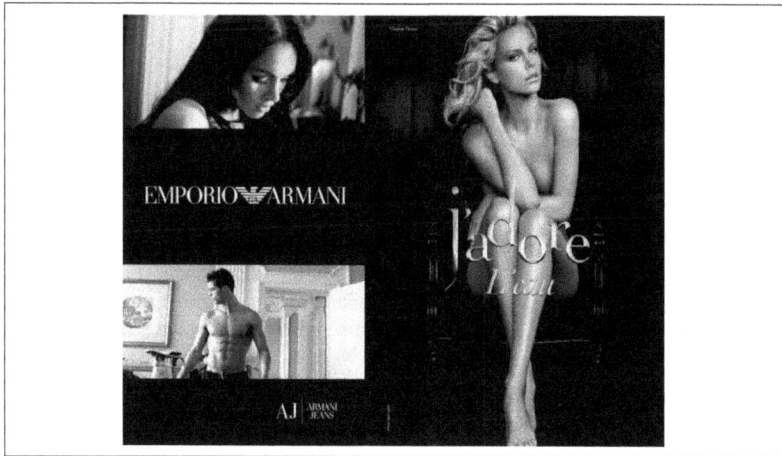

Abbildung 15: Testimonials für Armani und Dior
Quelle: Armani Jeans (2010); Trendhunter (2009)

Diese Form der Markenanreicherung, ist somit trotz ihrer hohen Beliebtheit bei Luxusmarken keineswegs ohne Risiken, insbesondere weil das Verhalten der Testimonials nicht kontrollierbar und ihr Status, den sie eine bestimmte Zeit über genießen, nicht von unendlicher Dauer ist (vgl. Koeppler 2000, S. 222).

3.3.4 Sponsoring

Das Sponsoring stellt ein weiteres wesentliches Instrument der Markenanreicherung
dar und repräsentiert gleichzeitig ein wichtiges Element des Kommunikationsmix,
das von bis zu 71 % der Unternehmen als Werbemöglichkeit genutzt wird (vgl.
Hebben 2010, S. 4). Beim Sponsoring erklären sich Unternehmen dazu bereit, mit
Hilfe von Geld, Sachmitteln, Dienstleistungen oder Know-how Personen und/oder
Institutionen zu fördern und dadurch gleichzeitig die kommunikativen Zielsetzungen der eigenen Marke zu realisieren (vgl. Baumgarth 2008, S. 205;
Böhler/Scigliano 2005, S. 118; Homburg/Krohmer 2009, S. 805), was bedeutet,
dass das Sponsoring immer mit einer Gegenleistung verbunden ist (vgl.
Esch/Herrmann/Sattler 2008, S. 269). Für beide Parteien entstehen dabei unterschiedliche Nutzen. Während es für den Sponsor vor allem ein Kommunikations-
instrument repräsentiert, ist es für den Gesponserten ein Mittel der Finanzierung
(vgl. Esch/Herrmann/Sattler 2008, S. 269). Im Allgemeinen wird beim Sponsoring
zwischen folgenden Formen unterschieden:

- dem Sportsponsoring,

- dem Kultursponsoring,

- dem Sozial- und Umweltsponsoring sowie

- dem Programmsponsoring (vgl. Baumgarth 2008, S. 205; Becker 2002, S. 607; Homburg/Krohmer 2009, S. 805f.).

Wichtig ist, dass das Sponsoring neben dem Aufbau zusätzlicher Kontakte zur Marke (vgl. Aaker/Joachimsthaler 2001, S. 213) dessen Exklusivität und Besonderheit richtig zum Ausdruck bringt. Da die Öffentlichkeitswirkung des Sponsorings allerdings nicht steuerbar ist, wird es im Luxussegment lediglich von stark präsenten Marken als Kommunikationsmittel angewendet (vgl. Kisabaka 2001, S. 272), die diese Plattform vor allem dazu nutzen, Internationalität und ihre umfassenden Kompetenzen in den unterschiedlichen Sponsorbereichen zu demonstrieren (vgl. Lasslop/Meffert 2004, S. 943).

Eine der signifikantesten wirtschaftlichen und zugleich am weitesten verbreiteten Formen des Sponsorings bietet das Sportsponsoring. Hierzu zählt die Förderung von Einzelsportlern, Teams oder Sportveranstaltungen (vgl. Becker 2002, S. 607; Esch/Herrmann/Sattler 2008, S. 270; Homburg/Krohmer 2009, S. 805f.). Luxusmarken achten dabei sehr darauf, nur auserwählte Sportarten zu sponsern, die zu dem luxuriösen Image ihrer Marke passen (vgl. Kisabaka 2001, S. 272).

Beispiel 1: Ein sehr engagierter Sponsor von unterschiedlichen Sportarten ist die Marke HUGO BOSS. Neben der Formel 1 sponsert sie den Segelsport, Tennis, Golfen sowie die Deutschen Tourwagen Masters (vgl. Hugo Boss 2010a).

Beispiel 2: Das zweite Beispiel kommt von dem Uhrenhersteller Rolex, der im Jahr 2010 das Sponsoring für die Shanghai ATP Masters (Tennismeisterschaften) übernimmt (vgl. Stolerman 2010, o. S.).

Beispiel 3: Darüber hinaus können die Louis Vuitton Trophy (vgl. Louis Vuitton Trophy 2010) und der Prix de Diane von Hermès genannt werden. Beide Marken unterstützen die Art von Sport, die das Image ihrer Marke am besten unterstreicht. Da Louis Vuitton aufgrund ihrer Gepäckkollektionen mit stilvollem Reisen verbunden wird, sind moderne und teamfördernde Sportarten wie Segeln für sie ideal. Das traditionelle Haus Hermès hingegen wird wegen seines Markenzeichens mit Pferden, der vornehmen Gesellschaft sowie dem Wettbewerb in Verbindung gebracht wird (vgl. Chevalier/Mazzalovo 2008, S. 282f.).

Beispiel 4: Weitere Beispiele liefern der von Bulgari unterstützte World Superyacht Award 2010 (vgl. Boat international Media 2010), das Golfturnier von Dunhill wie auch das von Cartier gesponserte Windsor-Polo-Turnier (vgl. Kisabaka 2001, S. 272).

Die Ziele, die das Sportsponsoring verfolgt, sind vor allem die Erhöhung der Bekanntheit sowie die positive Imagestärkung bzw. -veränderung (vgl. Becker 2002, S. 607; Esch/Herrmann/Sattler 2008, S. 270).

Das Kultursponsoring ist dagegen ein sehr aktueller Bereich, der immer mehr an Bedeutung gewinnt (vgl. Esch/Herrmann/Sattler 2008, S. 270) und die gesellschaftliche und sozialpolitische Verantwortung der Sponsorunternehmen zum Ausdruck bringt. Dazu fallen die Unterstützung unterschiedlicher kultureller Aktivitäten aus den Bereichen Musik, Kunst, Literatur und Design ebenso wie die Förderung von Einzelkünstlern, Stiftungen und Veranstaltungen (vgl. Homburg/Krohmer 2009, S. 806).

Beispiel 1: Auch im Bereich der Kultur lässt sich die deutsche Modemarke HUGO BOSS wiederfinden. Zum einen ist sie der Sponsor des berühmten New Yorker Guggenheim-Museums (vgl. Baumgarth 2008, S. 205; Hugo Boss 2010b) und zum anderen fördert sie unterschiedliche kulturelle Special Events wie beispielsweise die Salzburger Festspiele im Jahre 2009 (vgl. Hugo Boss 2010c).

Beispiel 2: Als weiteres Beispiel wird das gemeinsame Sponsoring der deutschen Modemarke Escada und des Automobilherstellers BMW für die „Drawing Fashion" Exhibition im Design Museum in London aufgeführt (vgl. Design Museum 2010).

Beispiel 3: Ebenso veranstaltet auch das Comité Colbert seit dem Jahre 1986 jährlich Nachwuchswettbewerbe für Talente im Bereich der Haute Couture und der Schmuckhersteller. Cartier widmet sich der Förderung seiner eigenen Stiftung für zeitgenössische Kunst (vgl. Blechner 1995, S. 15f.).

Mit der Dokumentation ihrer Verantwortung sind Unternehmen gewillt, ihr Image positiv zu beeinflussen und somit ihr Unternehmens-Goodwill aufzubauen bzw. zu erweitern (vgl. Becker 2002, S. 607; Homburg/Krohmer 2009, S. 806).

Das Sozial- und Umweltsponsoring, das auch als Public Sponsoring bezeichnet wird, zeichnet sich vor allem in der Unterstützung von sozialen, staatlichen, politischen sowie religiösen Einrichtungen oder Umweltschutzorganisationen aus. Die vordergründige Idee ist dabei, das gesellschaftliche Engagement des Markenunternehmens zu veranschaulichen und dadurch sein Image bei den Konsumenten zu verbessern (vgl. Becker 2002, S. 608; Esch/Herrmann/Sattler 2008, S. 270; Homburg/Krohmer 2009, S. 806).

Beispiel 1: Stellvertretend kann dazu das Sponsorship der Luxusmarke Tiffany & Co. für das 30-jährige Jubiläum des Dubai Colleges genannt werden. Dieses College stellt eine der höchsten Lerninstitution der Vereinigten Arabischen Emirate dar und wurde demnach auch von vielen wichtigen Persönlichkeiten aufgesucht (vgl. Ame Info 2008b), was aufgrund der hohen medialen Präsenz, zu einer größeren Wirkung der Sponsoraktivität und zum positiven Image der Marke beitrug.

Beispiel 2: Oder auch die Förderung der Time for Trees Foundation von Audemars Piguet, die es zudem geschafft hat, ihr gesellschaftliches Engagement mit einer Kollektion der eigenen Marke zu verbinden und einen direkten namentlichen Bezug zu ihrer Uhrenkollektion Royal Oak aufzubauen (vgl. Kisabaka 2001, S. 272).

Das Programmsponsoring stellt im Vergleich zu den anderen Bereichen eine neuere Form des Sponsorings dar (vgl. Becker 2002, S. 608). Es umfasst die Unterstützung unterschiedlicher TV-, Internet- und Radiosendungen wie z. B. Spielfilme, Serien, Talkshows oder Sportübertragungen (vgl. Becker 2002, S. 608; Esch/Herrmann/Sattler 2008, S. 270; Homburg/Krohmer 2009, S. 806). Eine spezielle Art des Programmsponsorings stellt dabei das Product Placement dar, bei dem es darum geht, Marken in Spielfilmen, TV-Shows oder auch Zeitschriftsberichten zu platzieren (vgl. Baumgarth 2008, S. 206).

Beispiel 1: Ein gutes Beispiel liefert dazu die Platzierung des Aston Martin in den einzelnen James-Bond-Filmen. Durch seine stetige Präsenz in den Filmen erlangte die Marke eine enorme Bekanntheit und wird heute häufig als ‚das' James-Bond-Auto bezeichnet (vgl. Aston Martin 2010; Pander 2010, o. S.).

Beispiel 2: Ein weiteres Beispiel ist die Marke Manolo Blahnik, die erst durch die Positionierung in der TV-Serie Sex and the City eine große Bekanntheit gewann. Der Aufmerksamkeitsgrad, den der Schuhhersteller mittels dieser Serie erzielte, verhalf ihm schließlich dazu, zu den beliebtesten und einflussreichsten Designern des 20. Jahrhunderts aufzusteigen (vgl. Who's Who 2010a).

Zu den wesentlichen Zielen des Sponsorings zählen somit zum einen die Erhöhung des Bekanntheitsgrades, die Vertiefung bzw. Verbesserung des Produkt- und Unternehmensimages (vgl. Böhler/Scigliano 2005, S. 118) sowie die Aktualisierung des Images und die Belegung gesellschaftlichen Engagements (vgl. Becker 2002, S. 607; Esch/Herrmann/Sattler 2008, S. 270; Lasslop/Meffert 2004, S. 943).

Obwohl es bei den Markenunternehmen eine hohe Bedeutung genießt, weist auch das Sponsoring verschiedene Probleme auf. Zum einen kann es bei großen Veranstaltungen mit vielen unterschiedlichen Sponsoren zu einer Aufmerksamkeitskonkurrenz kommen, und zum anderen kann die geringe Dominanz eines Sponsors (z. B. geringe Visibilität des Markennamens; vgl. Homburg/Krohmer 2009, S. 807) dazu führen, dass er nicht genügend Aufmerksamkeit erhält und aus der Kooperation keinen Nutzen zieht (vgl. Esch/Herrmann/Sattler 2008, S. 270f.). Da es beim Sponsoring oft nur zu einem flüchtigen Kontakt zwischen Konsumenten und Marke kommt, wird vorausgesetzt, dass die Marke einen überdurchschnittlichen Bekanntheitsgrad besitzt und schnell zu erkennen ist (vgl. Baumgarth 2008, S. 207).

Als weitere Probleme können die Flopgefahr gesponserter Events oder das Risiko erwähnt werden, das von einem negativen oder unangemessenen Verhalten gesponserter Personen (z. B. Doping) ausgeht (vgl. Chevalier/Mazzalovo 2008, S. 283; Homburg/Krohmer 2009, S. 807). Um dies zu verhindern, sollte vor dem Sponsorship eine Überprüfung der zu sponsernden Personen erfolgen, damit solche negativen Imagetransfers vermieden werden können. Wichtig beim Sponsoring ist auch, darauf zu achten, dass die Images der kooperierenden Parteien zueinander passen und kein Konflikt entsteht, der die Zusammenarbeit unnötig gefährdet (vgl. Homburg/Krohmer 2009, S. 807).

3.3.5 Country-of-Origin

Die letzte Form der Markenanreicherung ist der Country-of-Origin-Effekt. Country-of-Origin (synonyme Verwendung: Länderimage oder Herkunftsbezeichnung) bezeichnet die regionale Herkunft der Marke aus Sicht des Konsumenten. Es stellt eine Art Effekt dar, der durch Städte, Länder oder auch ganze Kontinente erzeugt werden kann. Dabei tritt der durch Länder ausgelöste Effekt am häufigsten in Erscheinung. Durch den Bezug zu einer Region bietet sich für die Unternehmen die Möglichkeit, positive Assoziationen, die das Land bei den Konsumenten hervorruft, auf die eigene Marke zu übertragen und davon zu profitieren (vgl. Riezebos 2003, S. 94f.). Zusätzlich zu den regionalen Bezugsgrößen kann der Country-of-Origin-Effekt allerdings auch von einem „Made-in"- bzw. einem „Live-in"-Image abhängen. Dabei bezieht sich das „Made-in"-Image auf die Fähigkeiten, die eine Region zur Herstellung von bestimmten Leistungen auszeichnet (z. B. für die Schweiz die Uhrenherstellung oder für Deutschland die Automobilherstellung). Hingegen ergibt sich das „Live-in"-Image aus der Wahrnehmung und Beurteilung einer Region als sozio-kultureller Lebensraum (z. B. aufgrund der Gesellschaft oder der wirtschaftlichen Situation eines Landes bzw. einer Region) (vgl. Baumgarth 2008, S. 208). Es existiert eine Anzahl von Varianten, den Country-of-Origin-Effekt in der Markenpolitik einzusetzen, beispielsweise

- als direkten Bestandteil der Marke,

- als indirekten Bestandteil über diverse Brandingelemente,

- als Bestandteil bei der Markenpositionierung sowie

- durch die Einbindung in den Marketingmix (vgl. Baumgarth 2008, S. 208f.; Riezebos 2003, S. 95) (vgl. Abb. 16).

Der Effekt kann dabei speziell auf eine bestimmte Marke (z. B. Porsche mit der Nennung seines Fertigungsstandorts Stuttgart sowie der Verwendung der Farben der deutschen Nationalflagge) oder auch auf eine ganze Markenklasse (z. B. französischer Champagner oder russischer Kaviar) bezogen werden (vgl. Lasslop 2005, S. 476).

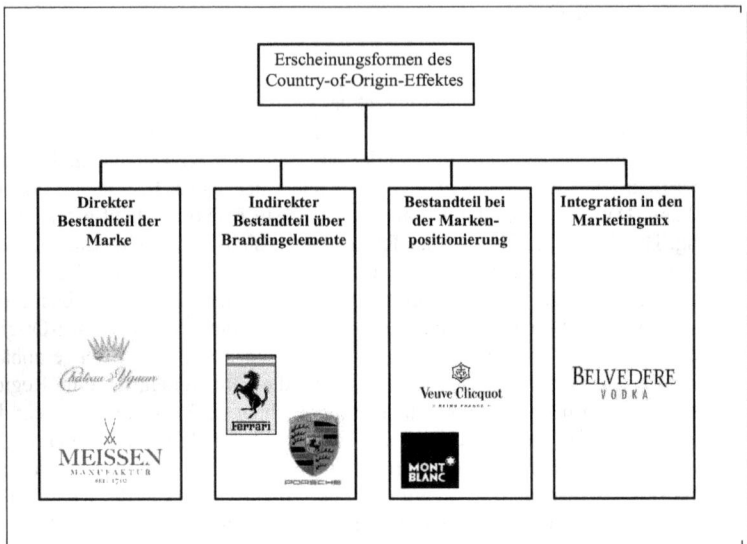

Abbildung 16: Erscheinungsformen des Country-of-Origin-Effektes
Quelle: In Anlehnung an Baumgarth (2008), S. 209

Der Country-of-Origin-Effekt ist für eine Marke nur dann von Vorteil, wenn die Region, zu der der Bezug hergestellt wird, sich deutlich von anderen Regionen differenzieren kann. Das bedeutet, dass diese Region in der Lage sein sollte, etwas Eindeutiges aufzuweisen. So bestehen für unterschiedliche Länder bei Konsumenten ganz bestimmte Assoziationsmuster. Trifft dies bei einer Region bzw. einem Land nicht zu, so ist diese Form der Markenanreicherung nicht empfehlenswert. Zudem ist der Country-of-Origin-Effekt keine günstige Option für starke Marken. Aufgrund des starken Bezuges zu einer bestimmten Region und der daraus resultierenden Assimilation an alle anderen Marken aus der Region nimmt der Grad der Differenzierung ab. So ist beispielsweise die regionale Verbindung für schweizerische Marken nur dann sinnvoll, wenn die Marke Spitzenqualität und exklusive Handwerksarbeit verkörpern möchte(vgl. Baumgarth 2008, S. 210), jedoch nicht, wenn sie sich schon allein aufgrund ihres Markennamens und ihrer Kompetenzen bei den Konsumenten einen Namen gemacht hat und sich durch einen Bezug zu der Schweiz der Differenzierungsvorteil wieder verringern würde.

3.4 Markenpositionierung

Ein zweites zentrales Entscheidungsfeld im Rahmen der Markenstrategie wird von der Markenpositionierung dargestellt (vgl. Homburg/Krohmer 2009, S. 607), die das Ziel verfolgt, sich mit bestimmten Eigenschaften in der Psyche der Konsumenten zu verankern sowie einen ausreichenden Grad an Differenzierungsfähigkeit gegenüber den Konkurrenzprodukten zu erreichen (vgl. Meffert 1994, S. 179). Unternehmen sollten sich dabei nach den Wünschen und Bedürfnissen ihrer Kunden richten, um diese mit ihren Produkteigenschaften befriedigen zu können (vgl. Esch 2008, S. 90). Dabei ist insbesondere auf die Bildung und Förderung von Eigenschaften und Merkmalen Wert zu legen, die von anderen Unternehmen nicht einfach übernommen werden können (vgl. Baumgarth 2008, S. 130). Solche Profilierungsmöglichkeiten beinhalten beispielsweise die Berücksichtigung neuer Eigenschaftsdimensionen (im Sinne einer Unique Selling Proposition) oder der Schaffung psychologischer Zusatznutzen (vgl. Meffert 1994, S. 180). Hinsichtlich der Luxusmarken spielt insbesondere das Letztere eine entscheidende Rolle, da vor allem im Rahmen der Luxusmarken neben den technisch-funktionalen Eigenschaften die Vermittlung eines besonderen psychologischen Nutzens wie z. B. Prestige oder Exklusivität einen Differenzierungsaspekt widerspiegelt (vgl. Lasslop 2002, S. 332; Meffert 1994, S. 180). Die Markenpositionierung konzentriert sich in der Regel auf eine bestimmte Anzahl an relevanten Merkmalen, die eine Marke repräsentieren soll. So steht BMW beispielsweise für Sportlichkeit, Dynamik sowie „Freude am Fahren" (vgl. Esch 2008, S. 90).

Die Aufgabe einer erfolgreichen Markenpositionierung befasst sich im Wesentlichen mit der Gestaltung der folgenden drei Facetten einer Marke (vgl. Homburg/Krohmer 2009, S. 607):

- Markenidentität bzw. Markenkern,

- Markennutzen sowie

- Markenpersönlichkeit (vgl. Homburg/Krohmer 2009, S. 607; Müller 2011, S. 2–25).

Im Folgenden sollen diese drei Markenfacetten näher erläutert werden.

3.4.1 Markenidentität

Die Markenidentität gibt Auskunft über die wesentlichen Merkmale einer Marke und legt fest, wofür diese Marke steht bzw. stehen soll. Demnach stellt sie die Basis einer jeden Marke dar und kann zudem als Ausgangspunkt aller grundlegenden Überlegungen dargelegt werden (vgl. Sattler/Völckner 2007, S. 55). Lasslop (2002) definiert die Identität als eine „widerspruchsfreie, geschlossene Ganzheit von Merkmalen einer Marke [...] die diese von anderen Marken dauerhaft unterscheidet" (Lasslop 2002, S. 333) und „in nachhaltiger Weise den Charakter [...][dieser] Marke [prägt]" (Lasslop 2005, S. 475). Aaker und Joachimsthaler (2001) zufolge sollte jede starke Marke eine umfangreiche und deutlich zu erkennende Markenidentität anstreben (vgl. Aaker/Joachimsthaler 2001, S. 50), da diese zum Ausdruck bringt, wofür die Marke nach dem Willen des Unternehmens stehen soll (vgl. Aaker/Joachimsthaler 2001, S. 50; Esch 2008, S. 81). Denn erst wenn eine Marke eine über einen längeren Zeitraum gefestigte Markenidentität besitzt, kann sie Nachfrager dauerhaft an sich binden und Markenbindung bzw. Markentreue erreichen (vgl. Meffert 1998, S. 812). Unternehmen, die sich zielstrebig mit ihren Handlungen und Entscheidungen an ihrer Markenidentität orientiert haben, sind beispielsweise BMW und Apple (vgl. Esch 2008, S. 80), die jedes ihrer neuen Produkte so gestalten, dass die Marke daraus klar zu erkennen ist.

Das Identitätssystem besteht aus zwei unterschiedlichen Bestandteilen, aus dem Selbst- und aus dem Fremdbild. Während das Selbstbild die von dem Unternehmen kommunizierte Identität der Marke darstellt, spiegelt das Fremdbild, das auch als Markenimage bezeichnet wird, die Wahrnehmung der Kunden von der Marke wider. Entsteht weiterhin eine Wechselbeziehung zwischen diesen internen (Selbstbild) und externen (Fremdbild) Zielgruppen, so kann von einer Markenidentität gesprochen werden (vgl. Lasslop 2002, S. 333; Lasslop 2005, S. 475; Meffert 1998, S. 812). Um darüber hinaus die Stärke der Markenidentität bestimmen zu können, wird das Maß der Übereinstimmung des Selbst- und Fremdbildes gemessen (vgl. Sattler/Völckner 2007, S. 55). Je stärker die Wahrnehmung der externen Anspruchsgruppen (Kunden) mit den kommunizierenden Identitätsfaktoren der Marke übereinstimmt, desto stärker ist der Grad der Markenidentität (vgl. Sattler/Völckner 2007, S. 55f.).

Im Folgenden sollen nun die sechs essenziellen Einflussfaktoren auf die Identität von Luxusmarken betrachtet werden, durch die diese Marken ihre Einzigartigkeit erhalten (vgl. Lasslop 2002, S. 333ff.; Lasslop 2005, S. 475ff.).

Einer der stärksten Einflüsse auf die Identität von Luxusmarken wird dabei von der Markenherkunft bzw. Markenhistorie (‚Pedigree‘) ausgeübt. Dadurch wird deutlich, dass der Aufbau einer Luxusmarke nicht spontan erfolgen kann, sondern häufig ein langjähriger Prozess ist (vgl. Lasslop 2005, S. 476; Pätzmann/Frank 2004, S. 34). Nicht selten führt eben dieser über mehrere Jahre andauernde Entwicklungsprozess aus ressourcen-theoretischer Sichtweise zu den entscheidenden, nicht leicht nachzuahmenden Wettbewerbsvorteilen gegenüber Konkurrenten (vgl. Lasslop 2002, S. 334), denn: „Einmal aufgebaut, verleiht dieser ‚Zeitanker‘ den Marken den Status einer fast unangreifbaren Institution" (Meffert/Lasslop 2004, S. 945) und „stellt für potenzielle neue Wettbewerber eine schwer zu überwindende Markteintrittsbarriere dar" (Lasslop 2002, S. 334). Schlussfolgernd gründen viele der international führenden Luxusmarken, wie beispielsweise Louis Vuitton (seit 1854), Hermès (seit 1837) (vgl. Comité Colbert 2010), Rolex (seit 1908) oder auch Chanel (seit 1912), auf einer langjährigen Tradition (vgl. Lasslop 2002, S. 334; Lasslop 2005, S. 476) (vgl. Anhang 2).

Neben der Geschichte leistet bei Luxusmarken zudem die Gründerpersönlichkeit einen weiteren wichtigen Anteil zum Aufbau der unverwechselbaren Markenidentität. Das bedeutet, dass die Unternehmensgründer in gleicher Weise Namensgeber und eine bestimmte Komponente der Markenidentität sind. Da insbesondere die Persönlichkeit der Unternehmensgründer oft ein prägnantes Element der Markenidentität darstellt, bleibt diese starke Verankerung mit der Gründerpersönlichkeit auch nach dem Ausscheiden des Gründers bestehen. Abgesehen von ihrer Persönlichkeit fördern die Gründer in vielen Fällen durch ihre Kompetenz im Designbereich auch die Kreativität und Stilbildung der einzelnen Luxusmarken (vgl. Lasslop 2005, S. 476.).

Beispiel: Stellvertretend können hier beispielsweise die Luxusmarken Chanel und Alexander McQueen aufgeführt werden. Denn Coco Chanel und Alexander McQueen waren nicht nur Gründer/-in und Namensgeber/-in ihrer Modemarken, sondern verliehen ihnen durch ihre eigenen Stilrichtungen und einzigartigen Persönlichkeiten eine entscheidende Komponente zum Aufbau der unverwechselbaren Markenidentität. Während Coco Chanel mit dem ‚kleinen Schwarzen' in den 20er Jahren als Revolutionärin der Mode bezeichnet wurde (vgl. Who's who 2010b), genoss Alexander McQueen den Ruf, einer der einflussreichsten Modemacher des letzten Jahrzehnts gewesen zu sein (vgl. o. V. 2010c, o. S.).

Eine weitere Facette der Markenidentität wird von der besonders ausgeprägten Adaptions- und Innovationsfähigkeit der Luxusmarken dargestellt, die die Voraussetzung für die aktive Bestimmung modischer Trends repräsentiert. Laut Pätzmann und Frank (2004) handelt es sich bei dem Markt für Luxusmarken trotz stetiger Veränderungen nach wie vor um einen Verkäufermarkt. Dieser kennzeichnet sich insbesondere durch die uneingegrenzte Kreativitätsmöglichkeit bei den Produkten aus. Luxusmarken müssen sich nicht gezielt an Kundenbedürfnisse anpassen, sondern besitzen die Freiheit, unterschiedlichste Produktinnovationen in den Markt einzuführen (vgl. Pätzmann/Frank 2004, S. 34ff.).

Beispiel: So werden beispielsweise technische Innovationen (z. B. Navigationssystem im Auto) in den häufigsten Fällen zunächst bei Luxusmarken eingeführt. Zu dem Zeitpunkt, zu dem sich die Produktinnovation zu einem Massenprodukt entwickelt hat, konzentrieren sich schnell adaptionsfähige Luxusunternehmen bereits auf neue Innovationen (vgl. Pätzmann/Frank 2004, S. 36).

Um bei seinen Kunden glaubwürdig und authentisch aufzutreten, ist es wichtig, dass die Innovations- und Adaptionsfähigkeit mit der Kultur der Luxusunternehmen verankert ist und sich über alle von der Marke bearbeiteten Produktbereiche hinweg kontinuierlich bewährt (vgl. Lasslop 2005, S. 476).

Als weiterer zentraler Faktor der Luxusmarkenidentität wird das Herkunftsland der Marke angesehen. Dieser als Country-of-Origin bezeichnete Effekt prägt die Identität der Marken durch die Verbindung mit ihrem Herkunftsland (vgl. Kap. 3.3.5).

Aus dem Bezug zu einem bestimmten Land schöpft die Luxusmarke einen identitätsprägenden Einfluss, wobei Lasslop (2005) zufolge insbesondere Frankreich eine signifikante Identitätsquelle für Luxusmarken symbolisiert, da viele bekannte Marken aus diesem Land stammen (vgl. Lasslop 2005, S. 476). Das bedeutet, dass französische Marken, die den Konsumenten aufgrund ihres Markennamens nicht näher bekannt sind, allein durch die Verbindung mit Frankreich automatisch durch den Country-of-Origin-Effekt aufgeladen werden.

> **Beispiel:** Natürlich sind neben Frankreich viele weitere Länder in der Lage, die Identität der Marken zu beeinflussen. So genießt beispielsweise auch der Uhrenhersteller Lange & Söhne durch die explizite Nennung der sächsischen Stadt Glashütte in ihrem Markennamen eine Verbindung zu der traditionellen sächsischen Uhrenfertigung. Entscheiden sich Konsumenten für eine dieser Uhren, so erwarten sie auch, dass alle Bestandteile der Uhren in Glashütte gefertigt werden (vgl. Pätzmann/Frank 2004, S. 36).

Darüber hinaus stellen bei Luxusmarken auch ihre international bekannten Symbole eine elementare Identitätsquelle dar. Mehr als alles andere sind sie imstande, den Mythos der Luxusmarken zu vermitteln und auf diese Weise die Besonderheit dieser Marken zu unterstreichen (vgl. Lasslop 2002, S. 335). Verfügen Luxusmarken neben ihrem Markennamen über kein prägnantes Symbol – wie z. B. Bulgari (vgl. Bulgari 2010b) oder Salvatore Ferragamo (vgl. Ferragamo 2010b) –, so geht ihnen ein wichtiger Faktor ihres Identitätssystems verloren.

> **Beispiel:** Als Beispiel kann die ‚Flying Emily' von Rolls Royce (vgl. Pätzmann/Frank 2004, S. 36) ebenso gut dienen wie das schwarze springende Pferd von Ferrari (vgl. Lasslop 2002, S. 335). Denn jedes dieser Symbole hat eine so starke Assoziationskraft, dass Konsumenten allein mittels des Symbols die dazugehörigen Marken nennen können.

Zuletzt wird das Identitätssystem der Luxusmarken von ihrem besonderen Vermarktungssystem beeinflusst, das sich zum einen aus einer überdurchschnittlich hohen Preisstellung und zum anderen aus einem selektiven Vertriebssystem zusammensetzt. Durch die stark eingeschränkte Erwerblichkeit ihrer Produkte verdeutlichen Luxusmarken ihre Exklusivität (vgl. Lasslop 2002, S. 335; Pätzmann/Frank 2004, S. 36) und betonen erneut ihre einzigartige Positionierung am Markt. Zusätzlich legen die Luxusunternehmen einen hohen Wert auf die hohe Preisstellung sowie den selektiven Vertrieb, um die Glaubwürdigkeit ihrer exklusiven Luxusmarkenidentitäten zu festigen (vgl. Kap. 4.3).

Für Luxusunternehmen ist es wichtig, ihre Identitätsquellen genau festzulegen und den Nachfragern richtig zu kommunizieren. Denn nur, wenn dies der Fall ist, kann sich das erwartete Fremdbild formen und somit ein positives Markenimage entstehen. Gelingt es Unternehmen allerdings nicht, ihre intendierte Identität zu vermitteln, so kann dies sogar zu Schädigungen des Images der Luxusmarke führen.

3.4.2 Markennutzen

Im Rahmen der Gestaltung des Markennutzens befasst sich die Markenpolitik im Wesentlichen mit der folgenden grundlegenden Frage: „Was biete ich an?" (Homburg/Krohmer 2009, S. 609). Das bedeutet, dass die Unternehmen sich Gedanken machen müssen, für welches Nutzenversprechen ihre Marke bei den Nachfragern stehen bzw. mit was sie assoziiert werden soll (vgl. Homburg/Krohmer 2009, S. 607). Zentrales Ziel ist es hierbei, für die Marke ein wettbewerbsüberlegenes Nutzenbündel zu kreieren und dieses in den Köpfen der Nachfrager fest zu verankern (vgl. Homburg/Krohmer 2009, S. 607; Müller 2011, S. 2–36). Im Gegensatz zu klassischen Marken, bei denen die Nutzenversprechen tendenziell auf technisch-funktionalen Eigenschaften beruhen, wird bei Luxusmarken vielmehr auf das Vermitteln von abstrakten und ästhetisch-kulturellen Nutzenversprechen Wert gelegt (vgl. Lasslop 2005, S. 475f.; Pätzmann/Frank 2004, S. 36f.). Technische Funktionalität bietet sich für Luxusmarken in der Regel nicht als Nutzenversprechen an, da Kunden diese als grundlegende Voraussetzung ansehen. Vielmehr arbeiten Luxusunternehmen daran, ihren Kunden nachhaltige Produkte anzubieten, also solche mit allerhöchster Lebensdauer und einem zeitlosen Design (vgl. Pätzmann/Frank 2004, S. 34).

> **Beispiel:** Als Beispiel kann hierzu die Chanel-2.55-Handtasche genannt werden. Seit ihrer Vorstellung im Jahre 1955 gilt diese Tasche als der absolute Klassiker und der Inbegriff der Eleganz für jede Frau, und das, obwohl sich diese Tasche nun über 60 Jahre auf dem Markt befindet und ihr Aussehen nach wie vor unverändert ist (vgl. Kruse 2006, o. S.). Neben ihrem zeitlosen Design ist es jedoch auch der symbolische Markenname Chanel, der dieser Handtasche zu ihrem jahrzehntelangen Erfolg verholfen hat.

Aus dem obigen Beispiel wird ersichtlich, dass Luxusmarken zudem die Fähigkeit haben, einen zusätzlichen psychosozialen Nutzen für ihre Kunden zu stiften. Diese symbolische Kraft der Luxusmarken soll anhand der folgenden Beispiele noch einmal genauer verdeutlicht werden.

> **Beispiel 1:** Entscheidet sich ein Konsument für eine Uhr von Rolex, so wählt er diese nicht aus, weil er einen neuen Zeitmesser benötigt, sondern weil er damit seinem Umfeld seinen Status, seinen Geschmack, sein Prestige etc. demonstrieren möchte (vgl. Pätzmann/Frank 2004, S. 37). Der Nutzen ist in diesem Fall das symbolische Ansehen, das Rolex in der Öffentlichkeit genießt (vgl. Rolex 2010a).
>
> **Beispiel 2:** Allgemeiner wird dies am nachfolgenden Beispiel veranschaulicht. Wer beispielsweise einen Luxusmarken-Gürtel kauft, kauft in erster Linie die Marke ‚X' und erst dann den Gürtel. Das Markenimage und alle damit einhergehenden emotionalen und gesellschaftswirkenden Nutzeffekte stellen die primären Aspekte zum Kauf dar, erst danach kommt das Bedürfnis nach einem neuen Gürtel.

Der Hauptnutzen, den die Konsumenten durch Luxusmarken haben, liegt dementsprechend in der Möglichkeit, die eigenen Wertvorstellungen zum Ausdruck zu bringen sowie bestimmte Zugehörigkeiten zu demonstrieren. Durch ihre aufgeladene Identität ermöglichen sie es den Konsumenten, eine Abgrenzung von bzw. Zugehörigkeit zu bestimmten sozialen Gruppen vorzunehmen und ihre Stellung in der Gesellschaft zu veranschaulichen (Status- und Prestigefunktion) (vgl. Lasslop 2002, S. 332; Meffert/Lasslop 2004, S. 932; Pätzmann/Frank 2004, S. 37). Häufig wird bei den Nutzenversprechen auch von dem Identitätskern der Luxusmarke gesprochen (vgl. Lasslop 2005, S. 475f.). Dementsprechend können die im vorigen Kapitel besprochenen sechs Identitätsquellen als hinreichende Faktoren interpretiert werden. Wäre die emotionale Aufladung der Marke durch diese sechs Faktoren nicht gegeben, wären Luxusmarken schließlich nicht in der Lage, ihr öffentlichkeitswirksames Nutzenversprechen im erforderlichen Maße zu gewährleisten.

3.4.3 Markenpersönlichkeit

Bei der Markenpersönlichkeit geht es darum, die Marke mit menschlichen Eigenschaften aufzubauen, um den Kunden die Möglichkeit zu bieten, Assoziationen gegenüber einer Marke zu entwickeln (vgl. Homburg/Krohmer 2009, S. 608). Zu solchen Eigenschaften können sowohl Geschlecht, Alter wie auch die gesellschaftliche Gruppenzugehörigkeit oder persönliche Wesenszüge zählen (vgl. Weis/Huber 2000, S. 47). Aaker (1996) definiert den Begriff der Markenpersönlichkeit als „set of human characteristics associated with a given brand. Thus it includes such characteristics as gender, age, and socioeconomic class, as well as such classic human personality traits as warmth, concern and sentimentality"(Aaker 1996, S. 161, zitiert nach Haedrich/Tomczak/Kaetzke 2003, S. 36). Durch diese unterschiedlichen Charakteristika nimmt die Marke eine menschenähnliche Persönlichkeit an und bietet aufgrund dessen eine gute Voraussetzung, sich von allen anderen Marken zu differenzieren (vgl. Aaker/Joachimsthaler 2001, S. 63; Homburg/Krohmer 2009, S. 608). Die Idee hinter dem Aufbau einer Markenpersönlichkeit ist es, eine möglichst hohe Übereinstimmung mit den Persönlichkeitsprofilen der Nachfrager zu erreichen (vgl. Homburg/Krohmer 2009, S. 608), um die Marken für die Nachfrager auf diese Weise interessanter und bemerkenswerter zu machen (vgl. Aaker/Joachimsthaler 2001, S. 63). Denn Konsumenten wählen Marken nicht nur wegen ihrer sachlichen und technischen Eigenschaften aus, sondern auch aufgrund von für sie ansprechenden Charaktereigenschaften. Diese sind auf den ersten Blick nicht zu sehen, werden von starken Marken allerdings durch das von ihnen in der Öffentlichkeit aufgebaute Markenimage vermittelt. Das lässt darauf schließen, dass die Markenpersönlichkeit als ein Teil des Markenimages angesehen wird (vgl. Hieronimus 2003, S. 46f.).

Beispiel: So können sich die beiden Automobilmarken Rolls-Royce und Bentley trotz desselben luxuriösen Status aufgrund ihrer unterschiedlichen Persönlichkeiten voneinander deutlich differenzieren. Während der Rolls-Royce seine Persönlichkeit insbesondere durch Begriffe wie ‚klassisch' und ‚zeitlos' umschreibt, charakterisiert sich der Bentley aufgrund seiner Geschichte mit den Bentley Boys, vor allem durch die Begriffe ‚heroisch' und ‚sportlich' (vgl. Esch 2008, S. 90).

Besitzt eine Marke keine Persönlichkeit, so hat sie Schwierigkeiten, eine emotionale Beziehung zu den Kunden aufzubauen, und kann sich dementsprechend schwer gegen die konkurrierenden Marken am Markt durchsetzen (vgl. Aaker/Joachimsthaler 2001, S. 63). Homburg und Krohmer (2009) gehen davon aus, dass die Bildung einer „menschlichen Identität" (Homburg/Krohmer 2009, S. 608) es den Nachfragern ermöglicht, sich mit ihnen zu identifizieren und auf dieser Basis schließlich eine bessere Bindung bzw. eine Loyalität zu den verschiedenen Marken aufzubauen. Stimmt die Markenpersönlichkeit mit der des Kunden besonders gut überein, kann dies zu einer starken emotionalen Beziehung zu der Marke führen, da durch die Übereinstimmung der Charaktere die Marke für den Kunden eine persönliche Bedeutung hat (vgl. Homburg/Krohmer 2009, S. 608).

Beispiel: Zum Beispiel sprechen die beiden Luxusmarken Hermès und Christian Lacroix zwei völlig unterschiedliche Charaktere an. Während Hermès eher traditionsbewusste Kunden anzieht, können sich mit Christian Lacroix vielmehr Kunden identifizieren, die es individuell und anders mögen (vgl. Blechner 1995, S. 15). Somit wird sich ein traditionsbewusster und auf alte Werte achtender Kunde tendenziell für die Marke Hermès statt für Christian Lacroix entscheiden, da diese mit seiner eigenen Persönlichkeit übereinstimmt.

Durch den Transfer von Merkmalen der Markenpersönlichkeit auf die Persönlichkeit der Konsumenten entsteht eine symbolische Selbstergänzung, die in der Regel dem Idealbild der Konsumenten entspricht (vgl. Meffert/Lasslop 2004, S. 934). Die intensive Beziehung, die zwischen den Konsumenten und der Marke entsteht, hilft Präferenzen für bestimmte Marken zu entwickeln und so eine Steigerung des Markenwertes zu fördern (vgl. Weis/Huber 2000, S. 46).

Es existieren unterschiedliche Möglichkeiten, die Persönlichkeit einer Marke aufzubauen. Eine wesentliche Entstehungsform der Markenpersönlichkeit wird bei Luxusmarken durch die Übernahme der Gründerpersönlichkeit gewährleistet. Viele der bekannten Marken lassen in ihren Produkten die Persönlichkeit ihres Gründers aufleben.

Beispiel: Als Beispiele lassen sich hier die extrovertierten und skandalösen Modelinien des ebenso extrovertierten Alexander McQueen (vgl. Alexander McQueen 2010a), die klassische und weibliche Mode der klassischen Coco Chanel (vgl. Baumgarth 2008, S. 206) oder die sportlichen und hochwertigen Fahrzeuge des sportlichen und ebenso erfolgreichen Walter Owen Bentley (vgl. Bentley Motors 2010; Esch 2008, S. 90) nennen.

Zum anderen kann die Persönlichkeit einer Marke aber auch mittels der Verwendung von bestimmten Testimonials (vgl. Kap. 3.3.3) beeinflusst werden. Je nachdem wie die Persönlichkeit einer Marke aussehen sollte, suchen sich die Unternehmen die sie repräsentierenden Testimonials aus. So würde eine junge moderne Marke eher auf eine junge und freche Persönlichkeit setzen, wohingegen ein maskulines, sportliches Markenunternehmen lieber einen erfolgreichen Sportler als Testimonial wählen würde. Allerdings kann sich bei einer Fokussierung auf ein Testimonial die Gefahr einer einseitigen polarisierenden Markenpersönlichkeit ergeben, die einen Teil der Zielgruppe vom Erwerb des Produktes abhält (vgl. Haedrich/Tomczak/Kaetzke 2003, S. 36).

Beispiel: Als Beispiel können die unterschiedlichen Testimonials der klassischen Marke Chanel betrachtet werden. Wie bereits erwähnt, hat sich die Markenpersönlichkeit aus der Persönlichkeit der Gründerin Coco Chanel geformt, die es schaffte den Begriff der Klassik durch alle Altersgenerationen zu ziehen. Mit der Wahl der Testimonials in Form von Vanessa Paradis und Chatherine Deneuve gab man allerdings zu der Sorge Anlass, dass Chanel sowohl mit der jungen und rebellischen Vanessa Paradis als auch mit der in die Jahre gekommenen Chatherine Deneuve nur zu einem Teil bzw. einer Generation ihrer Zielgruppe einen Bezug aufbauen kann (vgl. Kapferer 1999, S. 334).

Die Persönlichkeit einer Marke wird daher als eine weitere wichtige Facette für den Aufbau einer dauerhaften und profitablen Markenpositionierung angesehen, die es den Markenunternehmen ermöglicht, eine unverwechselbare Identität für ihre Marke und dementsprechend ein einzigartiges Markenimage zu schaffen (vgl. Haedrich/Tomczak/Kaetzke 2003, S. 37).

4 Operatives Markenmanagement

4.1 Markierungselemente

Im Hinblick auf das Begriffsverständnis der Markierung (die auch als Branding bezeichnet wird) lassen sich in der Literatur unterschiedliche Auffassungen finden. Während der Begriff bei Vertretern wie Gotta (1994) eine sehr eingegrenzte Sichtweise genießt, in der die Markierung allein den Namen eines Produktes umfasst (vgl. Esch 2008, S. 207; Gotta 1994, S. 774f.), wird der Begriff von anderen so weit gefasst, dass alle Marketing-Mix-Elemente einbezogen werden. Nach Letzteren gehören zur Markierung somit das Produkt selbst, der Markenname, die Preis- und Vertriebspolitik, die Verpackung und Kommunikation sowie die gesamte Gestaltung und Präsentation der Marke (vgl. Esch 2008, S. 207).

Da diese Sichtweisen entweder zu eng oder viel zu weit gefasst sind, wird im Rahmen der vorliegenden Arbeit die Begriffsdefinition von Esch (2008) herangezogen. Laut dieser umfasst eine Markierung „alle konkreten Maßnahmen zum Aufbau einer Marke, die dazu geeignet sind, ein Angebot aus der Masse gleichartiger Angebote herauszuheben und die eine eindeutige Zuordnung von Angeboten zu einer bestimmten Marke ermöglichen" (Esch/Langner 2005a, S. 577; Langner 2003, S. 4ff., zitiert nach Esch 2008, S. 208). Das bedeutet, dass ein wesentliches Ziel der Markierung darin besteht, die eigenen Produkte hervorzuheben bzw. von anderen abzugrenzen, um so eine eindeutige Zuordnung zur Marke zu ermöglichen. Besonders bei Produkten, die sich sehr ähnlich sind (= eine hohe Homogenität aufweisen), ist eine unverwechselbare Markierung ein wichtiger Faktor, damit das Produkt nicht austauschbar wird (vgl. Meffert 1998, S. 269). Außerdem ist eine Markierung dazu da, Imagewirkungen bzw. Assoziationen hervorzurufen, die mit der Marke auch ihre Positionierungsmerkmale verbinden (vgl. Esch 2008, S. 208; Meffert 1998, S. 269). So kann auch bei mangelnder Information über ein bestimmtes Produkt eine wirksame Markierung bei Konsumenten Präferenzen erzeugen und zu wiederholten Käufen bewegen (vgl. Koppelmann 1997, S. 380; Meffert 1998, S. 269). Folglich bildet die Markierung die Basis für die Durchsetzungsfähigkeit der Marke am Markt indem sie eine Art Identifikationskartei repräsentiert, die das ganze markenbezogene Wissen speichert das den Grundstein für die Schaffung des Markenimages legt (vgl. Homburg/Krohmer 2009, S. 617).

Somit stellen die einzelnen Elemente der Markierung ein zentrales, abnehmerorientiertes Differenzierungsmerkmal dar (vgl. Meffert 1998, S. 269), das die Realisierung der Markenpositionierung und Markenstrategie unterstützt (vgl. Baumgarth 2008, S. 177). Deshalb ist es von Bedeutung, dass eine Markierung sich dadurch kennzeichnet, dass sie

▪ positionsrelevante Assoziationen vermittelt,

- über eine leicht einprägsame Gestaltung verfügt und

- differenzierbar ist, d. h. Eigenschaften aufweist, die sie von anderen Marken unterscheiden lässt (vgl. Esch/Langner 2001, S. 442f.; Homburg/Krohmer 2009, S. 617).

Als wichtigste Markierungselemente kommen folgende in Frage (vgl. Baumgarth 2008, S. 177):

- Markenname

- Markenzeichen (Logo) und Symbole

- Verpackung und Design

- Slogans und Jingles

- Charaktere

Weiterhin ist es möglich, die unterschiedlichen Elemente in zwei Gruppen aufzuteilen. Die ersten drei Komponenten zählen demnach zu den Basiselementen (vgl. Esch 2008, S. 211) und die letzten beiden zu den unterstützenden Komponenten der Markierung, die auch als kommunikative Brandingelemente (vgl. Kap. 4.2) bekannt sind (vgl. Müller 2011, S. 2-18). Vor diesem Hintergrund wird nun zunächst auf die drei grundlegenden Markierungselemente eingegangen.

4.1.1 Markenname

Der Markenname stellt als verbales Element der Markierung (vgl. Müller 2011, S. 2–18) eines der fundamentalsten Komponenten dar (vgl. Keller 2003, S. 182), durch die sich die Marke am Markt unterscheidet. Da der Name eines der ersten Elemente ist, die der Kunde wahrnimmt (vgl. Chevalier/Mazzalovo 2008, S. 97), stellt er oft den Assoziationskern einer Marke dar (vgl. Aaker 1992, S. 220; Keller 2003, S. 182) und trägt zugleich zur Schaffung der Markenbekanntheit und Markenpositionierung bei (vgl. Baumgarth 2008, S. 177; Esch 2008, S. 217). Dementsprechend ist die Auswahl eines Markennamens sehr risikoreich und für Unternehmen mit einem hohen Aufwand verbunden (vgl. Chevalier/Mazzalovo 2008, S. 98; Homburg/Krohmer 2009, S. 617; Keller 2003, S. 182). Keller (2003) zufolge handelt es sich bei dem Markennamen um den in den Köpfen der Konsumenten am besten verankerten Teil der Markierung (vgl. Keller 2003, S. 182). Es ist mitunter der Markenname, mit dem die Nachfrager die unterschiedlichen Produkteigenschaften verbinden (vgl. Gardini 2007, S. 124) und auch die engste emotionale Bindung aufbauen. Er fungiert wie eine Art Indikator für die Einstellung der Konsumenten zur Marke. Dies wird insbesondere dadurch deutlich, dass Kunden bei der Frage nach ihrer Meinung gegenüber einer bestimmten Marke (z. B. Automobilmarke) lediglich den Markennamen vorgelegt bekommen und nicht das ganze Produkt (z. B. Automobil) (vgl. Kroeber-Riel/Weinberg 2003, S. 129).

Dabei wird bei Markennamen zwischen vielen unterschiedlichen Arten unterschieden, die systematisch in drei Kategorien aufgeteilt werden können (vgl. Abb. 17). So existieren beispielsweise Namen, die einen direkten Bedeutungsbezug haben, und solche, die keinen Bedeutungsbezug aufweisen, was heißt, dass es sich bei letzteren um Kunstnamen handelt. Des Weiteren kann bei den Namen mit direktem Bedeutungsgehalt zwischen Markennamen mit direktem Bezug zum angebotenen Produkt bzw. zur angebotenen Leistung, Markennamen mit assoziativem Bezug und schließlich Markennamen ohne direkten Bezug differenziert werden (vgl. Baumgarth 2008, S. 177; Homburg/Krohmer 2009, S. 617). Neben diesen genannten Möglichkeiten kann es sich bei Markennamen allerdings auch um Vor- und Nachnamen der Unternehmensgründer handeln (vgl. Müller 2011, S. 2–18), was speziell im Fall von Luxusunternehmen sehr weit verbreitet ist (vgl. Chevalier/Mazzalovo 2008, S. 97; Lasslop 2002, S. 339).

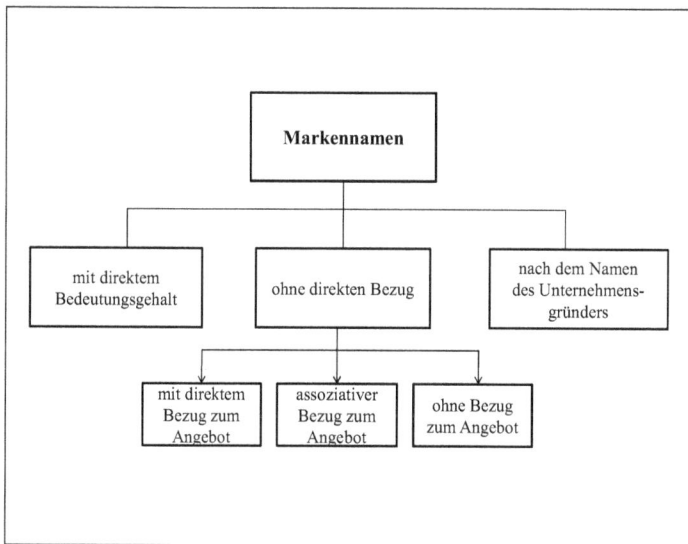

Abbildung 17: Die drei Kategorien der Markennamen
Quelle: In Anlehnung an Homburg/Krohmer 2009, S. 618

Die Tatsache, dass in der Luxusindustrie viele Markennamen auf dem Namen ihrer Unternehmensgründer beruhen, geht auf die Bildung der Markenidentität zurück, bei der der Name und die Persönlichkeit des Unternehmensgründers wichtige Elemente zum Aufbau der unvergleichbaren Markenidentität repräsentieren und die Basisressourcen für den Stil und die Originalität der Luxusmarke darstellen (vgl. Kap. 3.4.1) (vgl. Lasslop 2002, S. 334). Durch die Übernahme des Gründernamens nimmt die Marke auch seine Persönlichkeit an und spiegelt dessen Kreativität und

Einzigartigkeit wider (vgl. Chevalier/Mazzalovo 2008, S. 97; Lasslop 2002, S. 334). Diese emotionale und symbolische Kraft, die die Marke dadurch erlangt, stellt einen wichtigen Faktor bei Luxusmarken dar (vgl. Chevalier/Mazzalovo 2008, S. 98; Lasslop 2005, S. 476).

Einige der Markennamen, die nach ihrem Unternehmensgründer benannt wurden, sind im Folgenden aufgelistet.

Yves Saint Laurent	Christian Dior
Bang & Olufsen (vgl. Beo World 2007)	Karl Lagerfeld
Lamborghini (vgl. Lamborghini 2010a)	Christian Louboutin
Prada (vgl. Who's Who 2010c)	Moët & Chandon (vgl. Moet 2010)

Entscheiden sich Unternehmer gegen ihren eigenen Namen, so werden Luxusmarken gerne nach etwas Luxuriösem oder auch ihrem Herstellungsatelier benannt.

Beispiel 1: So hat das deutsche Luxusunternehmen ESCADA sich beispielsweise dazu entschlossen, den Namen eines Rennpferdes zu übernehmen (vgl. Hirn 2008, o. S.), und der polnische Wodkahersteller Belvedere hat sich dazu entschieden, sein Produkt nach dem berühmten gleichnamigen Schloss zu benennen (vgl. Belvedere Vodka 2010b; Travel Pod 2010).

Beispiel 2: Hingegen sind die deutsche Porzellan-Manufaktur Meissen oder das dänische Royal Copenhagen Beispiele für die Benennung nach ihren Fertigungsateliers (vgl. Kisabaka 2001, S. 174).

Um von den Konsumenten aufgenommen und wiedererkannt zu werden, sollte ein idealer Markenname allerdings noch weitere Anforderungen erfüllen. Zu diesen zählen u. a.

- eine leichte Aussprache und Schreibweise,
- eine einfache Merkfähigkeit,
- gute Differenzierbarkeit sowie
- die Demonstration von Einzigartigkeit und Innovationskraft (vgl. Baumgarth 2008, S. 181; Homburg/Krohmer 2009, S. 618; Keller 2003, S. 183; Müller 2011, S. 2–18).

Aus diesem Grund wählen Unternehmen gerne kurze Namen für ihre Marken aus (z. B. Rolex, Versace oder Maserati), da sie besser aufgenommen und im Gedächtnis der Konsumenten besser gespeichert werden können (vgl. Keller 2003, S. 183). Längere Namen werden von Kunden mit der Zeit häufig verkürzt, so wie das Beispiel der Marke Christian Louboutin zeigt, die heute immer häufiger nur noch

‚Loubi' ausgesprochen werden (vgl. Christian Louboutin 2010a). Allerdings besteht insbesondere bei den Namen von Luxusmarken ein Kritikpunkt im Bereich der Aussprache. Sind sich Kunden nicht sicher, wie sie eine Marke aussprechen, werden sie dies auch vermeiden, um sich vor anderen nicht zu blamieren. Diese Verlegenheit führt dazu, dass Kunden weniger über diese Marke reden und somit keine Mundpropaganda stattfindet, da keine Empfehlung ausgesprochen wird (vgl. Keller 2003, S. 183). Beispiele für schwierig auszusprechende Namen können Yves Saint Laurent, Guerlain, Shiseido, Ulysse Nardin oder auch Chateau d'Yquem sein. Daher sollten Markenunternehmen mit solchen Namen laut Keller (2003) einen Schwerpunkt darauf legen, den Kunden die richtige Aussprache ihres Markennamen näherzubringen, um das Risiko der falschen Artikulation weitgehend zu mindern (vgl. Keller 2003, S. 183f.).

Dennoch betonen Chevalier und Mazzalovo (2008), dass kein wirklich idealer Markenname existiert, und falls doch, wäre dieser möglicherweise „the name of a person, easy to remember in all languages, that evokes the qualities of the product [...] offered, that suggests the company's philosophy, connotes intelligence and creativity, and begins with the letter 'A' or 'Z' to stand out of the listings" (Chevalier/Mazzalovo 2008, S. 98).

4.1.2 Markenzeichen und Symbol

Neben dem soeben beschriebenen Markennamen repräsentiert insbesondere das Markenzeichen ein weiteres wichtiges Element der Markierung. Für Keller, Apéria und Georgson (2008) ist das Logo vor allem bei der Bildung der Markenbekanntheit relevant (vgl. Keller/Apéria/Georgson 2008, S. 146), und Esch und Langner (1999) bezeichnen es sogar als den „Schlüssel zum Markenimage" (Esch/Langner 1999, S. 467). Aufgrund ihres visuellen Charakters erleichtern Logos Konsumenten die Merkfähigkeit und ermöglichen so ein schnelleres und besseres Abrufen, wenn Bedarf dazu besteht (vgl. Aaker 1992, S. 95; Esch/Langner 1999, S. 467; Homburg/Krohmer 2009, S. 618). So fällt es Kunden auch leichter, schwierig auszusprechende Markennamen zu merken und wieder abzurufen, wenn mit ihnen ein eindeutiges Markenzeichen assoziiert wird (vgl. Esch/Langner 1999, S. 467). Als Markenzeichen wird in diesem Zusammenhang „jener Teil der Marke [bezeichnet], der erkannt, aber nicht verbal wiedergegeben werden kann, z. B. ein Symbol, eine Grafik, eine bestimmte Farbe oder Schreibweise usw." (Alexander 1960, zitiert nach Arber 1997, S. 5). Die Aufgabe des Markenzeichens ist es, das Besondere, Einzigartige sowie schnell Wiederzuerkennende eines Produktes wiederzugeben und eine emotionale Verbindung zwischen Marke und Kunden zu schaffen (vgl. Koppelmann 1997, S. 378). Gerade bei Luxusmarken ist neben dem Markennamen ein visuelles Zeichen ein ausschlaggebendes Element der Differenzierung, das die Wirkung und den Auftritt der Marke zusätzlich unterstützt (vgl. Homburg/Krohmer 2009, S. 618). Während die visuellen Elemente bei klassischen Marken vor allem eine Orientierungsfunktion repräsentieren, stellen Logos und Symbole bei Luxusmarken insbesondere ein Hilfsmittel dar, das die Identität der Marke nach außen trägt und dadurch in der Lage ist, den Mythos, der die Luxusmarken umgibt, zu vermitteln (vgl. Lasslop 2005, S. 477) und bestimmte Assoziationen zu wecken.

Wie schon bei den Markennamen wird auch im Rahmen der Markenzeichen zwischen unterschiedlichen Arten differenziert. Generell können sie in die drei folgenden Kategorien eingeteilt werden:

- Symbole

- Monogramme und

- Schriftlogos (vgl. Baumgarth 2008, S. 184; Chevalier/Mazzalovo 2008, S. 103; Keller/Apéria/Georgson 2008, S. 146).

Die Symbole stellen in der Luxusindustrie die wahrscheinlich am häufigsten gewählte Form des Markenzeichens dar (vgl. Chevalier/Mazzalovo 2008, S. 103). Wichtig ist hierbei, dass hierzu Zeichen gewählt werden, die für einen großen Kreis verständlich sind und zudem so ausdrucksstark auftreten, dass sie die Marke eigenständig repräsentieren können (vgl. Keller/Apéria/Georgson 2008, S. 148).

Beispiel 1: Niemand kann sich einen Ferrari ohne das springende schwarze Pferd (‚Rampante Cavallo') (vgl. Lasslop 2002, S. 335) sowie einen Lamborghini ohne seinen berühmten Kampfstier vorstellen (vgl. Lamborghini 2010b) (vgl. Abb. 18). Beide Symbole stehen stellvertretend für die unschlagbare Dynamik dieser beiden Sportwagen (vgl. Chevalier/Mazzalovo 2008, S. 103).

Beispiel 2: Die Marke Rolex wählte die Krone (vgl. Keller/Apéria/Georgson 2008, S. 146; Rolex 2010b) (vgl. Abb. 18), um ihre Exklusivität zu unterstreichen, da mit Kronen immer etwas Königliches und Exzellentes verbunden wird.

Beispiel 3: Und auch der Automobilhersteller Rolls Royce entschied sich mit seiner Kühlerfigur ‚The spirit of ecstasy' (vgl. Abb. 18) für ein einzigartiges Markenzeichen, das Eleganz und Mythen in sich vereint (vgl. Kisabaka 2001, S. 175).

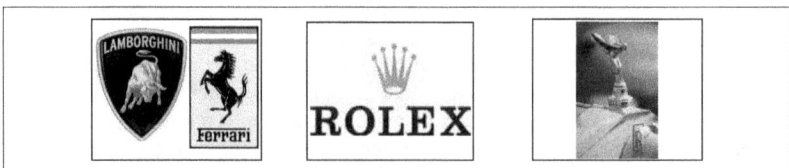

Abbildung 18: Symbole

Quelle: Lamborghini (2010b); Ferrari (2010); Rolex (2010b); FAZ (2010)

Eine weitere weit verbreitete Möglichkeit des Markenzeichens bietet das Monogramm. Häufig handelt es sich dabei um die Initialen bzw. Abkürzungen des Markennamens, die auf eine einzigartige und prägnante Weise dargestellt werden.

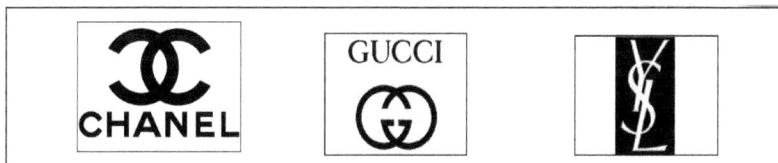

Abbildung 19: Markenzeichen in Form von Monogrammen
Quelle: Chanel (2010); Hype Magazine (2009); YSL (2010)

Die dritte Kategorie wird schließlich von den Schriftlogos repräsentiert. Diese geben in der Regel den Markennamen in einer ausgefallenen und einzigartigen Art wieder, um sich auf diese Weise von den anderen Marken zu differenzieren (z. B. durch Farbe, Schreibweise, Typografie) (vgl. Baumgarth 2008, S. 184f.; Chevalier/Mazzalovo 2008, S. 105).

Abbildung 20: Schriftlogos
Quelle: Christian Louboutin (2010b); Dunhill (2010); Bulgari (2010b)

Damit sich die Markenzeichen jedoch auch wirklich in den Gedächtnissen der Nachfrager einprägen, sollten sie wesentliche Bedingungen erfüllen. Zu diesen zählen neben einer leichten Interpretation vor allem ein prägnantes, einzigartiges und zugleich zeitloses Design (vgl. Homburg/Krohmer 2009, S. 618; Koppelmann 1997, S. 385). Zudem sollte das Markenzeichen Aufmerksamkeit und Gefallen erzeugen sowie positionierungsrelevante Assoziationen vermitteln können, um in der Lage zu sein, die Markenstärke als auch den Markenwert zu steigern (vgl. Baumgarth 2008, S. 185; Esch/Langner 1999, S. 469). Das Markenzeichen ist kein zwingendes Markierungselement, doch es trägt neben dem Markennamen in erheblichem Maße zu der Kommunikation und folglich zum Erfolg einer Marke bei (vgl. Arber 1997, S. 5; Chevalier/Mazzalovo 2008, S. 106).

4.1.3 Verpackung und Design

Dem Produkt- wie auch dem Verpackungsdesign wird beim Aufbau der Markierung eine ganz besondere Wichtigkeit zugesprochen. Mehr als der Markenname und das Markenlogo sind diese beiden Elemente in der Lage, die Wahrnehmung der Konsumenten zu beeinflussen und das Produkt am Markt durchzusetzen (vgl. Esch 2008, S. 243f.; Keller/Apéria/Georgson 2008, S. 158; Riezebos 2003, S. 47). Sie spielen eine unterstützende Rolle bei der Wiedererkennung sowie Positionierung einer Marke (vgl. Baumgarth 2008, S. 188) und sind imstande, durch das Hervorrufen von Assoziationen die Nachfrager zum Kauf zu animieren (vgl. Riezebos 2003, S. 129) sowie Informationen über die Qualität des Produktes zu geben (vgl. Riezebos 2003, S. 47). Gemäß Esch (2008) repräsentieren sie das Gesicht einer Marke und übernehmen so eine bedeutende Schlüsselrolle beim Aufbau von inneren Markenbildern (vgl. Esch 2008, S. 244).

In Bezug auf Luxusmarken prägen vor allem die Anmutungswirkung der jeweiligen Produktdesigns und der Ästhetikfaktor der Verpackungsgestaltung (vgl. Lasslop 2005, S. 484; Meffert/Lasslop 2004, S. 939; Riezebos 2003, S. 157) das innere Bild der Marke und beeinflussen auf diese Weise die Kaufentscheidungen der Konsumenten ausschlaggebend (vgl. Esch 2008, S. 244). In keinem anderen Segment sind Kreativität und Ästhetik so wichtige Schlüsselfaktoren wie im Luxussegment (vgl. Nueno/Quelch 1998, S. 63). Verpackung und Produktdesign nehmen häufig eine aktive Rolle an, indem sie der Marke aufgrund ihrer hochwertigen Auswahl von Form, Farbe, Material oder grafischen Elementen einen zusätzlichen Wert zufügen (vgl. Lasslop 2005, S. 484; Riezebos 2003, S. 136) und somit das spontane Gefallen beeinflussen.

Da viele Luxusmarken im Bereich der Gebrauchsgüter wiederzufinden sind, spielt hier vor allem das Produktdesign die entscheidende Rolle. Um sich von den anderen Marken abzugrenzen, legen Markenführer einen besonderen Wert auf individuelle Farb- und Formgebung (vgl. Lasslop 2005, S. 484). Während die Farbgebung bei Konsumenten imstande ist, unterschiedliche Gefühle auszulösen und Aufmerksamkeit zu erregen (vgl. Hamann 1975, S. 69), ist die Formgebung durch ihre Einzigartigkeit besonders dazu geeignet, Symbolwirkungen zu erschaffen wie auch bestimmte Assoziationen zu wecken (vgl. Hamann 1975, S. 67).

Beispiel 1: Ein Unternehmen, das sich sein Design zum Wiedererkennungsmerkmal gemacht hat, ist der Unterhaltungselektronikhersteller Bang & Olufsen (vgl. Bang&Olufsen 2010). Ihre glatten und ästhetischen Formen verleihen den Produkten ein einzigartiges, zum Teil futuristisches Produktdesign (vgl. Becker 2002, S. 494; Lasslop

2002, S. 342) und heben sich auf diese Weise von allen anderen Elektronikherstellern im Markt ab.

Beispiel 2: Eine weitere Marke, die sich durch ihre individuellen Formen von allen anderen hervorhebt, ist der deutsche Luxusküchenhersteller Poggenpohl. Mit ihrer einzigartigen Architektur und innovativen Gestaltung der Küchen hat die Marke ihr eigenes prägnantes Produktdesign entworfen, das sie von den anderen absetzten kann (vgl. Poggenpohl 2010).

Beispiel 3: Im Bezug auf Farbgebung liefert Ferrari mit seiner roten Signalfarbe das wohl bekannteste Beispiel (vgl. Lasslop 2002, S. 342). Diese Farbe hat sich im Bereich der Automobile so stark monopolisiert, dass Nachfrager mit der Farbe automatisch die Marke Ferrari assoziieren.

Kommt es dazu, dass ein Unternehmen sich bei seinem Produkt für eine ungünstige oder nicht mehr ganz aktuelle Form entscheidet, kann die Wahl einer vorteilhaften Farbe das Produkt wieder sehr ansprechend und modern erscheinen lassen (vgl. Koppelmann 1997, S. 366). Ferner können auch die grafischen Elemente eine anmutungswirkende Designdimension darstellen und somit den Wiedererkennungswert der Marken zusätzlich unterstützen (vgl. Lasslop 2005, S. 484).

Beispiel 1: Marken, die sich insbesondere durch grafische Elemente auszeichnen, sind beispielsweise Ralph Lauren mit ihrem Polospieler (vgl. Lasslop 2002, S. 342; Meffert/Lasslop 2004, S. 939) sowie das französische Unternehmen Lacoste mit seinem Krokodil (vgl. Lacoste 2010).

Beispiel 2: Zudem kann das bekannte Karo-Muster der britischen Luxusmarke Burberry genannt werden, da Konsumenten dieses für Burberry typische Muster sofort mit der Marke assoziieren, sobald sie es sehen (vgl. Burberry 2010).

Neben diesen Designdimensionen wird bei Luxusmarken auch der Auswahl der verarbeiteten Materialien ein hoher Stellenwert zugeschrieben, da diese einen entscheidenden Einfluss auf die erste Sinneswahrnehmung der Nachfrager haben und damit die symbolische Bedeutung der Luxusmarke unterstützen können (vgl. Lasslop 2005, 484; Lasslop 2002, S. 342; Meffert/Lasslop 2004, S. 939). Als hochwertige Materialien mit starker Anmutungswirkung werden von Koppelmann (1997) insbesondere Marmor, Seide, Mahagoni, Gold, Platin, Porzellan und Krokoleder eingestuft (vgl. Koppelmann 1997, S. 351). Ergänzt wird diese Aufzählung von Kapferer (1999), der zusätzlich noch Edelsteine und Brillanten zu den luxuriösen Materialien hinzufügt (vgl. Kapferer 1999, S. 321).

Beispiel: Als Beispiele können hierbei die hochwertige Holz- und Lederverarbeitung bei der Inneneinrichtung der Rolls-Royce-Automobile (vgl. Lasslop 2002, S. 342) oder die Verwendung edler Seide bei der Fertigung eines Haute-Couture-Kleides einer luxuriösen Modemarke genannt werden.

Allerdings ist neben dem Produktdesign auch die Verpackung dazu in der Lage, eine Marke von anderen abzuheben. Häufig lässt sich in der Literatur der Begriff des „stummen Verkäufers" wiederfinden (vgl. Becker 2002, S. 498; Keller/Apéria/Georgson 2008, S. 158), der verdeutlicht, wie stark der Einfluss einer Produktverpackung auf den Kunden sein kann. Das Verpackungsdesign ist bei Luxusmarken insbesondere im Bereich von Parfüm, Kosmetik und edlen Alkoholika signifikant (vgl. Lasslop 2005, S. 484). Um im Rahmen dieser Produkte den Hauch von Besonderheit und Luxus zu vermitteln, werden Flakons, Boxen und sonstige Produktverpackungen nur aus hochwertigen Materialien wie Samt, Seide, Glas, Holz oder auch Metall gefertigt (vgl. Lasslop 2002, S. 342).

Außerdem lassen sich bei luxuriösen Schmuckherstellern neben den hochwertigen Materialien auch zunehmend markenbezogene Farben bei der Verpackungsgestaltung bemerken.

Beispiele: So verwendet die amerikanische Luxusmarke Tiffany & Co. für ihre Schmuckverpackungen ein einheitliches Türkisblau (vgl. Tiffany 2010), der Schmuckhersteller Cartier sein berühmtes luxuriöses Rubinrot (vgl. Cartier 2010) und die französische Marke Boucheron ein zartes Violett für ihre Verpackungen (vgl. Boucheron 2010).

Zusammenfassend lässt sich sagen, dass beim Branding bzw. bei der Markierung von Luxusmarken jedes der drei Basiselemente (= magisches Branding-Dreieck; vgl. Esch 2008, S. 211) einen grundlegenden Teil zur Positionierung wie auch Differenzierung eines Produktes leistet. Um allerdings eine effektive Wirkung der Markierung erreichen zu können, ist es laut Esch (2008) von großer Bedeutung, die Wechselwirkungen zwischen den unterschiedlichen Elementen zu berücksichtigen und sie nicht voneinander getrennt zu betrachten (vgl. Esch 2008, S. 211). Der Gesamteindruck einer Marke kann somit erst durch die Kombination der unterschiedlichen Brandingelemente repräsentiert werden (vgl. Esch 2008, S. 211).

4.2 Kommunikatives Branding

Neben dem soeben beschriebenen Branding-Dreieck existieren allerdings noch weitere essenzielle Markierungselemente, die in diesem Zusammenhang als kommunikative Brandingelemente bezeichnet werden sollen. Zu diesen Elementen zählen Slogans und Jingles sowie Charaktere, die nun nachfolgend näher erläutert werden.

4.2.1 Slogans und Jingles

Bei einem Slogan handelt es sich in der Regel um kurze Phrasen, die deskriptive oder emotionale Informationen über eine Marke kommunizieren (vgl. Baumgarth 2008, S. 187; Keller/Apéria/Georgson 2008, S. 150) und so die Position und das Kommunikationsziel einer Marke kennzeichnen (vgl. Aaker/Joachimsthaler 2001, S. 57). Häufig sind diese Sätze so konzipiert, dass sie den Konsumenten in nur wenigen Worten deutlich machen, wofür die Marke steht und was sie auszeichnet (vgl. Keller/Apéria/Georgson 2008, S. 150), sodass sich Nachfrager, ohne die Marke zu kennen, allein durch den Slogan ein Bild von ihr machen können.

> **Beispiel 1:** Als Beispiel kann hier das berühmte Diamantenunternehmen De Beers genannt werden. Während der Markenname ‚De Beers' nur wenig Informationen darüber gibt, für was dieses Unternehmen steht, bringt es ihr Slogan „A diamond is forever" (zu Deutsch „Ein Diamant ist unvergänglich") ziemlich genau auf den Punkt. Der Slogan weist sowohl auf die Produktkategorie hin und macht zugleich den besonderen Wert und die Assoziationen mit endloser Liebe und Romantik deutlich (vgl. Keller/Apéria/Georgson 2008, S. 152).
>
> **Beispiel 2:** Ein weiteres Beispiel kommt von dem Uhrenhersteller Rolex. Diese Marke baut durch ihren Slogan „Die Krönung des Erfolgs" eine Verbindung zu ihrem Markenzeichen, der Krone (vgl. Abb. 18), auf und liefert dadurch einen starken Wiedererkennungswert. Darüber hinaus erfüllt dieser kurze Slogan zwei weitere wichtige Funktionen. Zum einen macht er die Positionierung der Marke deutlich, da eine Krönung nur besonderen Menschen gebührt, und zum anderen schafft er es, durch das Wort ‚Erfolg' ein Belohnungsgefühl zu vermitteln, sodass vor allem bei Kunden mit einem starken Streben nach Hedonismus (vgl. Kap. 2.3) ein Begehren nach dieser Marke ausgelöst wird.

Wie anhand der Beispiele deutlich wird, sind Slogans in der Lage, diverse Funktionen zu übernehmen. Die mitunter wichtigsten Aufgaben sind neben der Unterstützung der Markenwiedererkennung der Verbindungsaufbau zwischen Marke und Produktkategorie, der zu einer steigernden Markenbekanntheit führt, und die Unterstützung der Positionierung einer Marke, anhand der sich die Marke von den anderen differenzieren kann (vgl. Baumgarth 2008, S. 187; Keller/Apéria/Georgson 2008, S. 150ff.).

Im Gegensatz zu den übrigen Markierungselementen weisen Slogans einen viel höheren Flexibilitätsgrad auf und sind daher leichter zu verändern oder an aktuelle Begebenheiten anzupassen (vgl. Baumgarth 2008, S. 187; Keller/Apéria/Georgson 2008, S. 154f.). Allerdings sollte bei einer Veränderung bzw. Aktualisierung eines Slogans Wert darauf gelegt werden, deutlich zu machen, auf welche Weise er zur Bekanntheit und Imagebildung der Marke beträgt und ob in diesem Bereich Verbesserungsbedarf besteht. Entsprechend sollte darauf geachtet werden, dass die Teile des Slogans, die den gewollten positiven Effekt auslösen, weiter beibehalten werden (vgl. Keller/Apéria/Georgson 2008, S. 154).

Beispiel: Montblanc ist ein Unternehmen, das diese Punkte berücksichtigt und die Botschaft ihrer Slogans trotz mehrmaliger Aktualisierung weiterhin beibehalten hat. Nachfolgend sind die unterschiedlichen Slogans und ihre Erscheinungsjahre aufgelistet:

Jahr	Slogan
1962	Der weltberühmte Füllhalter ... glücklich wer ihn besitzt!
1963	Weltberühmt durch Qualität und Eleganz.
1968	Federführend mit Montblanc.
1994	The art of writing.
1997	The art of writing your life (vgl. Slogans 2010).

Demgegenüber stellen die Jingles das musikalische Markierungselement einer Marke dar. Nicht selten unterstützt ein Jingle den Slogan durch Rhythmus und Klang und kreiert so eine möglichst einprägsame Melodie, die sich schnell in den Gedächtnissen der Nachfrager verankert (vgl. Baumgarth 2008, S. 188; Keller/Apéria/Georgson 2008, S. 156). Jingles sind aufgrund ihrer einfach zu merkenden Natur ein cleveres und zugleich wichtiges Element zur Steigerung der Markenbekanntheit (vgl. Keller/Apéria/Georgson 2008, S. 157). Man kann zwischen direkten und indirekten Jingles unterscheiden. Während bei direkten Jingles der Markenname oder ein anderes Markierungselement integriert wird, weisen indirekte Jingles keinen ausdrücklichen Bezug zu den übrigen Elementen der Markierung auf. Angesichts der entsprechend geringen Differenzierbarkeit werden indirekte Jingles nicht als Markierungselement angesehen, sondern nur im Rahmen der emotionalen Beeinflussung im Bereich der Kommunikation verwendet (vgl. Baumgarth 2008, S. 188).

Im Bereich der Luxusmarken sind Jingles nur sehr schwer wiederzufinden. Dies kann daran liegen, dass nur sehr wenige Luxusmarken TV-Werbekampagnen für ihre Produkte produzieren und die, die sich dazu entscheiden, diese häufig nur für ihre Serienprodukte, sprich Parfüms und Kosmetika, entwerfen. Bei der Einführung eines neuen Duftes versuchen die Unternehmen häufig auch eine neue Emotion bzw. Stimmung anzusprechen und setzen dabei auf die dazu passende Hintergrundmelodie. Auch im Automobilbereich werden neben BMW und Mercedes nur wenige Luxus – Fahrzeuge beworben und haben somit ebenso keine Wiedererkennungsjingles. Grundsätzlich wird für Luxusmarken nur in sehr seltenen Fällen in TV und Radio geworben, da man bewusst keine breiten Massen ansprechen möchte.

4.2.2 Charaktere

Bei einem Charakter handelt es sich prinzipiell um reale oder fiktive Figuren, die als Teil der Markierung benutzt werden (vgl. Baumgarth 2008, S. 185; Keller/Apéria/Georgson 2008, S. 149). Häufig trifft man solche Figuren in der Werbung an, da Unternehmen Charaktere in ihren Werbekampagnen dazu gebrauchen, zusätzliche Aufmerksamkeit zu gewinnen und ihren Sympathiewert zu steigern (vgl. Baumgarth 2008, S. 185). Während klassische Marken vermehrt auf animierte und andere auffällige fiktive Charaktere setzen, werden im Bereich der Luxusmarken hauptsächlich reale Personen als Charaktere eingesetzt, die dann als Testimonials bezeichnet werden (vgl. Kap. 3.3.3). Luxusmarken greifen grundsätzlich auf reale Persönlichkeiten zurück, da sie ihren Kunden dadurch die Möglichkeit bieten, sich mit ihrer Marke besser zu identifizieren und eine Beziehung zu ihr aufzubauen (vgl. Keller/Apéria/Georgson 2008, S. 149), was bei animierten Figuren oder Tieren schlechtweg unmöglich ist.

4.2.3 Beurteilung und Integration der Markierungselemente

Jedes der hier behandelten Markierungselemente trägt einen bestimmten Teil zur Bildung des Markenwertes bei (vgl. Keller/Apéria/Georgson 2008, S. 165). Allerdings ist es wenig sinnvoll, alle Markierungselemente einer Marke mit einer gleich hohen Priorität einzusetzen. Es sollte eher darauf geachtet werden, dass die unterschiedlichen Elemente aufeinander abgestimmt sind, da sie nur auf diese Weise wirkungsvoll fungieren können. Die maximale Wirkung der Marken kann somit einzig erreicht werden, wenn ein Zusammenspiel verschiedener Markierungselemente stattfindet, die zueinander passen und sich gegenseitig unterstützen (vgl. Baumgarth 2008, S. 191; Keller/Apéria/Georgson 2008, S. 165). Da jedes Brandingelement Vor- und Nachteile mit sich bringt, sollten Markenführer sich zunächst Gedanken über ihr Ziel machen und anschließend die Markierungselemente auswählen und aufeinander abstimmen, die dieses Ziel am zuverlässigsten realisieren können (vgl. Keller/Apéria/Georgson 2008, S. 165). Wichtige Ziele können in diesem Zusammenhang beispielsweise die Steigerung der Merkfähigkeit oder der Einfluss auf die Positionierung einer Marke sein (vgl. Baumgarth 2008, S. 191).

Im Allgemeinen unterscheiden Keller, Apéria und Georgson (2008) zwischen sechs Merkmalen, die bei der Selektion der unterschiedlichen Markierungselemente von Bedeutung sind.

1. Memorability: Die Markierungselemente sollten einfach zu merken sein, um Bekanntheit und Wiedererkennung der Marke zu gewährleisten.

2. Meaningfulness: Sie sollten in der Lage sein, das Produkt zu beschreiben und die Kategorie, in die es gehört, deutlich zu machen. Darüber hinaus sollten sie Informationen über Eigenschaften und Vorteile der Marke geben können.

3. Likeability: Die einzelnen Markierungselemente müssen so gestaltet sein, dass sie für die Konsumenten ansprechend sind und Interesse und Gefallen auslösen.

4. Transferability: Zudem sollten Markierungselemente imstande sein, in unterschiedliche Produktkategorien transferiert (z. B. bei Markentransfers oder Linienausweitungen) sowie über geografische und kulturelle Grenzen hinweg problemlos angewendet zu werden.

5. Adaptability: Des Weiteren ist es wichtig, dass die unterschiedlichen Elemente Flexibilität und Anpassungsfähigkeit aufweisen und auf diese Weise an zeitliche und geschmackliche Veränderungen leicht anzupassen sind.

6. Protectability: Das letzte Kriterium, das die Brandingelemente erfüllen sollten, ist die Schutzfähigkeit der unterschiedlichen Elemente. Unternehmen sollten darauf achten, Elemente zu wählen, die sich vor Wettbewerbern gut schützen lassen und nicht einfach nachzuahmen sind (vgl. Keller/Apéria/Georgson 2008, S. 166).

Die nachfolgende Tabelle 5 zeigt eine Bewertung der behandelten Markierungselemente in Bezug auf die soeben erläuterten sechs Kriterien.

Merkmal	Marken-name	Markenzei-chen und Symbol	Verpackung und Design	Slogans und Jingles	Charaktere
Memorability	gestaltbar	gestaltbar, eher für Marken-wieder-erkennung	gestaltbar, eher für Marken-wieder-erkennung	gut	gestaltbar, eher für Marken-wieder-erkennung
Meaningfulness	aufladbar	aufladbar	direkte Assoziationen	direkte Asso-ziationen	allg. Gefallen
Likeability	gestaltbar	gestaltbar	gestaltbar	gestaltbar	bei marken-spezifischen Charakteren
Transferability	teilweise limitiert	sehr gut	gut	teilweise limitiert	teilweise limitiert (aufgrund von Kulturunter-schieden)
Adaptability	kompliziert	möglich, jedoch limitiert	modifizierbar	gut	weinig modi-fizierbar
Protectability	gut	sehr gut	leicht nachzuahmen	sehr gut	sehr gut

Tabelle 5: Beurteilung der Markierungselemente

Quelle: In Anlehnung an Baumgarth (2008), S. 192; Keller/Apéria/Georgson (2008), S. 165

4.3 Besonderheiten der Vertriebs- und Preispolitik

Laut Kapferer (2001) ist es für die Luxusunternehmen wichtig, eine gewisse Distanz zur Luxusmarke aufzubauen. Denn nur, wenn Luxusmarken exklusiv und nicht für jeden leicht erreichbar sind, behalten sie ihre Kraft und Glaubwürdigkeit. Um das zu gewährleisten, müssen so genannte Eintrittsbarrieren für die Nicht-Zielgruppen errichtet werden, die die Luxuskunden von den Nicht-Luxuskunden abgrenzen bzw. schützten können.

Solche Abgrenzungsbarrieren werden bei Luxusmarken in der Regel neben der Ästhetik des Produkts (dem extravaganten Design) über den Preis und den selektiven wie exklusiven Vertrieb aufgebaut. Damit diese Differenzierungsfunktion in Kraft treten kann, müssen die Luxusmarken widersprüchlicherweise von allen, d. h. sowohl von der Zielgruppe als auch der Nicht-Zielgruppe, gekannt und begehrt werden, allerdings für die Mehrheit unerreichbar bleiben. Damit das gewisse Ausmaß an Begierde nach einer Luxusmarke gebildet werden kann, ist es deshalb wichtig, dass eine Luxusmarke immer einen höheren Bekanntheits- als Erreichbarkeitsgrad aufweist (vgl. Kapferer 2001, S. 355).

Eine Möglichkeit, diese Diskrepanz aufrechtzuerhalten, um die Symbolkraft der Luxusmarke zu festigen, liegt in einer steigenden Selektivität und Exklusivität ihres Vertriebs (vgl. Lasslop 2005, S. 486). Das bedeutet, dass mit steigendem Luxusgrad der Marke und Produktkategorie ein immer exklusiverer Vertriebskanal gewählt wird.

> **Beispiel:** Folglich wird ein Nachfrager, der an der neuen Designerkollektion von Chanel interessiert ist, diese in einer verhältnismäßig kleineren Anzahl von Outlets vorfinden als Parfüms oder Pflegeprodukte (Serienprodukte) derselben Marke, wobei diese wiederum in erheblich ausgewählteren Shops angeboten werden als die klassischen Marken in derselben Produktkategorie (vgl. Lasslop 2005, S. 486).

Benutzt ein Unternehmen viele verschiedene Vertriebskanäle, um seine Luxusmarke zu vertreiben, so kann das Image dieser Marke beschädigt werden (vgl. Lasslop 2005, S. 486), denn es ist vor allem der selektive Vertrieb, der die Produkte für die Nachfrager so einzigartig macht. Im Gegensatz zu den klassischen Marken ist es nicht die breite Verfügbarkeit, die den Kontakt zu den Marken aufbaut, sondern der starke Wunsch der Konsumenten nach Exklusivität (vgl. Kapferer 2001, S. 355; Mertens 2007, S. 78).

Um diesen Hauch der Exklusivität garantieren zu können, wird die Vertriebsstruktur von vielen Luxusmarken in drei unterschiedliche Bereiche aufgeteilt (vgl. Abb. 21). So sind die Unternehmen in der Lage, verschiedene Vertriebswege für ihre Marke zu nutzen, ohne dem Luxusimage gleichzeitig einen Schaden zuzufügen. Diese Aufteilung der Vertriebsstruktur unterscheidet sich in Bezug auf das Produktsortiment bzw. die Sortimentsbreite, das Verkaufsvolumen sowie die strategischen Ziele und die Zielgruppe. Darüber hinaus variieren die einzelnen Vertriebskanäle hinsichtlich ihrer Kontrollmöglichkeiten imagerelevanter Elemente wie beispielsweise Standort, Ladengestaltung und Qualität des Verkaufspersonals (vgl. Lasslop 2005, S. 486; Nueno/Quelch 1998, S. 66ff.).

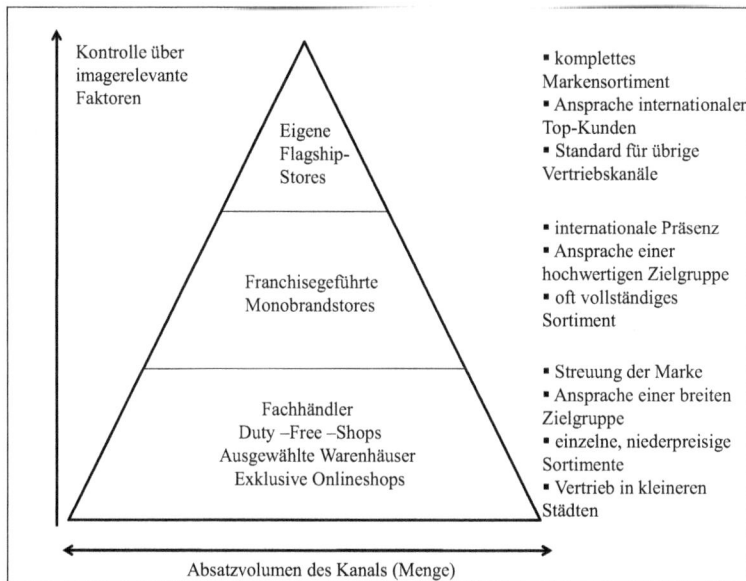

Kontrolle über imagerelevante Faktoren

Eigene Flagship-Stores
- komplettes Markensortiment
- Ansprache internationaler Top-Kunden
- Standard für übrige Vertriebskanäle

Franchisegeführte Monobrandstores
- internationale Präsenz
- Ansprache einer hochwertigen Zielgruppe
- oft vollständiges Sortiment

Fachhändler
Duty –Free –Shops
Ausgewählte Warenhäuser
Exklusive Onlineshops
- Streuung der Marke
- Ansprache einer breiten Zielgruppe
- einzelne, niederpreisige Sortimente
- Vertrieb in kleineren Städten

Absatzvolumen des Kanals (Menge)

Abbildung 21: Vertriebskanäle von Luxusmarken

Quelle: In Anlehnung an Lasslop (2005), S. 487; Meffert/Lasslop (2004), S. 942;
Nueno/Quelch (1998), S. 67

Der Vertriebskanal, dem von den Luxusunternehmen die höchste Priorität zugesprochen wird, ist der so genannte eigenbetriebene und exklusive Flagship-Store (vgl. Lasslop 2005, S. 486). Mit diesem besitzen sie das komplette Ausmaß an Kontrolle über den Vertrieb und können dadurch den gewollten Knappheitsgrad sicherstellen (vgl. Mertens 2007, S. 78). In solchen unternehmenseigenen Stores wird den Kunden das gesamte Produktsortiment der jeweiligen Marke präsentiert und eine Umwelt geschaffen, in der sie ungestört und bequem einkaufen können (vgl. Lasslop 2005, S. 486; Nueno/Quelch 1998, S. 67). Die Flagship-Stores verkörpern aufgrund ihrer von der Marke beeinflussten Innenraumgestaltung die Identität und den Lifestyle der Marke und tragen in den häufigsten Fällen selbst zur Stärkung des exklusiven Luxusimages der Marke bei (vgl. Lasslop 2005, S. 486). Das Ziel dieser Flagship-Stores liegt somit in einer zusätzlichen Schaffung und Festigung des Prestige- und Luxusimages der Marke (vgl. Nueno/Quelch 1998, S. 67). "The purposes [...] are to showcase the brand lifestyle, establish the brand image, and present the full assortment of merchandise in an entertaining shopping environment that will make consumers feel more comfortable paying luxury prices" (Nueno/Quelch 1998, S. 67). Darüber hinaus legen diese von den Unternehmen eigenständig geführten Stores den qualitativen Standard für die weiteren Vertriebskanäle fest (vgl. Lasslop 2005, S. 487).

Mit diesem Vertriebskanal werden vorwiegend die Stamm- sowie die internationalen Elite-Kunden der Luxusmarke angesprochen, denen durch die Flagship-Stores die gesamte Welt der Luxusmarke präsentiert wird. Um allerdings die Exklusivität und Besonderheit der unternehmenseigenen Flagship-Stores zu wahren, existiert nur eine begrenzte Anzahl von ihnen, die sich darüber hinaus allein in internationalen Weltstädten finden lassen. Damit lässt sich auch erklären, warum nur ein geringer Anteil am Umsatzvolumen in diesen Stores erzielt wird, obwohl dort die gesamte Produktauswahl offeriert wird (vgl. Lasslop 2005, S. 486).

Beispiele: Bekannte Flagship Stores sind z. B. TAG Heuer in Tokyo, Louis Vuitton in Paris (vgl. Lasslop 2005, S. 486), Alexander McQueen in London (vgl. Alexander McQueen 2010b; vgl. Abb. 22) oder Chanel (Nueno/Quelch 1998, S. 67) und Armani in New York (vgl. Armani 5th Avenue 2010).

Alexander McQueen in London   TAG Heuer in Tokyo   Louis Vuitton in Paris

Abbildung 22: Flagship-Stores am Beispiel von Alexander McQueen, TAG Heuer und Louis Vuitton

Quelle: Alexander McQueen (2010b), TAG Heuer (2010b), Luxique (2009)

Auf der Ebene unter den eigenbetriebenen Flagship-Stores befinden sich die vielen verschiedenen Franchise-betriebenen Verkaufsstätten. Auch in diesen so genannten Monobrand-Stores werden ausschließlich die eigenen Produkte der Marke vertrieben. Durch sie soll vor allem das strategische Ziel der internationalen Ausdehnung der Luxusmarke erreicht sowie die Markenidentität sichergestellt werden, mit der die gehobene internationale Spitzenzielgruppe der Marke angesprochen werden soll (vgl. Lasslop 2005, S. 487). Diese Monobrand-Stores sind bei den Luxusmarkenunternehmen sehr beliebt, da sie auf diese Weise Verkaufsstätten in vielen Ländern eröffnen und sich somit international einer größeren Kundschaft präsentieren können, wobei das Unternehmen immer noch über einen relativ hohen Grad an Kontrolle verfügt (vgl. Lasslop 2005, S. 487; Nueno/Quelch 1998, S. 67).

Beispiel 1: Der Luxushersteller Hermès hat bis zu $29 Millionen pro Jahr in die Eröffnung von weiteren 55 Monobrand-Stores investiert, um bis zum Jahre 2000 auf insgesamt 200 Franchise-betriebene Verkaufsstätten zu kommen (vgl. Nueno/Quelch 1998, S. 67).

Beispiel 2: Auch der französische Luxus-Schuhhersteller Christian Louboutin hat verkündet, in nur einer Woche 12 weitere Monobrand-Boutiquen zu eröffnen. Die Länder, in die er mittels seiner Franchise-betriebenen Verkaufsstätten expandieren möchte, sind u. a. China, Qatar, Italien, Brasilien und die USA (vgl. o. V 2010d, o. S.).

Die dritte Ebene wird von ausgewählten Fachhändlern und Duty-Free-Shops sowie von gehobenen Warenhäusern und exklusiven Onlineshops repräsentiert. Durch diese diversen Vertriebskanäle soll die Marke gestreut werden und schließlich auch die breiteren Massensegmente bedienen. Somit helfen die unterschiedlichen Vertriebswege der dritten Ebene dem Unternehmen, sowohl eine Ausdehnung hinsichtlich der Region als auch der sozialen Schicht vorzunehmen (vgl. Meffert/Lasslop 2004, S. 942). Allerdings werden mit diesen Kanälen nur einzelne, eher minder exklusive und teure Produkte aus dem Sortiment der Luxusmarke angeboten als etwa in den eigen- und Franchise-betriebenen Verkaufsstätten (vgl. Lasslop 2005, S. 487). In vereinzelten Fällen kann es sogar vorkommen, dass Luxusunternehmen spezielle Kollektionen für die Warenhäuser und Fachhändler herausbringen (vgl. Nueno/Quelch 1998, S. 68), um so die ‚Massenkunden' von den Topkunden unterscheiden zu können.

Andererseits birgt dieser Vertriebsweg auch eine hohe Gefahr von negativen Einflüssen bzw. Effekten in sich. Da die Luxusmarke auf dieser Vertriebsebene weniger kontrolliert werden kann und zudem ihrem direkten Wettbewerbsumfeld ausgesetzt ist, besteht eine große Gefahr für das Markenimage, und es droht eine Verwässerung des Markenprofils der Stammmarke (vgl. Lasslop 2005, S. 487; Meffert/Lasslop 2004, S. 942). Damit diese Effekte so gering wie möglich gehalten werden können, achten die Unternehmen bei der Auswahl der jeweiligen Warenhäuser, Fachhändler und Onlineshops darauf, dass sie dem Standard ihrer Luxusmarke entsprechen und somit ihre Markenidentität wahren können. So existieren in den Warenhäusern, bei denen der negative Effekt sehr hoch sein kann, da neben Luxusmarken auch viele No-Name-Produkte angeboten werden, vermehrt so genannte Luxury Floors. Auf diesen Floors werden ausschließlich Luxusmarken angeboten, um so die gewisse Luxus-Aura aufrechtzuerhalten (vgl. Berdi 2003, S. 102). Ebenso ist es bei den Onlineshops, bei denen nur ganz exklusive Onlineshops ausgewählt werden, die nur Luxusmarken auf dem gleichen Prestigeniveau anbieten, um die Gefahr einer Verwässerung des Markenprofils so minimal wie möglich zu halten. Zudem sind diese Onlineshops häufig nur für ausgewählte Mitglieder zugänglich, um auch hier gezielt die Zielgruppe von der Nicht-Zielgruppe trennen zu können. Beispiele für solche Onlineshops sind beispielsweise gilt.com (ein anmeldepflichtiger Onlineshop) (vgl. Gilt 2010) oder net-a-porter.com (vgl. net-a-porter 2010).

Neben der selektiven Vertriebspolitik spielt jedoch auch die Preispolitik eine wichtige Rolle bei der Erhaltung des Exklusivitätsgrads von Luxusmarken. So lassen sich in der Preispolitik von Luxusmarken einige Besonderheiten nennen, die insbesondere auf spezifischen Funktionen des Preises beruhen (vgl. Lasslop 2005, S. 485). So sagte der Chef der Swatch Gruppe, Nick Hayek, mit Blick auf die Luxusmarkenpreise einmal: „Für Luxusgüter gibt es keine Limits" (Stock 2006, S. 16, zitiert nach Fassnacht/Simon 2009, S. 64). Und tatsächlich spielt die Festsetzung eines hohen Preises in der Preispolitik von Luxusmarken eine bedeutende Rolle (vgl. Fassnacht/Simon 2009, S. 64). Während ein hoher Preis im Allgemeinen das negative Äquivalent zu einem Leistungsbündel bzw. Produkt darstellt (= negativer Nutzenbeitrag), hat ein hoher Preis bei Luxusmarken einen überaus positiven Effekt (= nutzenbeitragsstiftend): "[H]igh prices may even make certain products or services more desirable"(Groth/McDaniel 1993, S. 10, zitiert nach Vigneron/Johnson 1999, S. 8), "because people perceive higher prices as evidence of greater quality" (Rao/Monroe 1989, zitiert nach Vigneron/Johnson 1999, S. 8). In diesem Zusammenhang führen Preiserhöhungen somit zu steigenden Absatzzahlen, was bedeutet, dass bei Luxusmarken eine positive Korrelation zwischen Preisniveau und Absatzmenge existiert (vgl. Fassnacht/Simon 2009, S.64; Lasslop 2005, S. 485).

Beispiel: Der belgische Lederwarenhersteller Delvaux hat die Preise für seine Ledertaschen im Rahmen einer Repositionierung drastisch erhöht. Aufgrund dieser Veränderung wurde das Unternehmen als Alternative zu Luxusherstellern wie Louis Vuitton angesehen und verzeichnete daraufhin größere Absatzmengen als noch zuvor bei niedrigeren Preisen (vgl. Fassnacht/Simon 2009, S. 64).

Der Preis selbst ist somit in der Lage, sowohl den Wert einer Luxusmarke zusätzlich zu steigern als auch eine Indikatorfunktion zu repräsentieren (vgl. Diller 2008, S. 96; Fassnacht/Simon 2009, S. 64; Lasslop 2005, S. 485). Konsumenten verbinden mit einem hohen Preis qualitativ bessere Produkte bzw. Marken als mit einem niedrigeren Preis, was darauf schließen lässt, dass der Preis den Platz eines Qualitätsindikators einnimmt. In diesem Rahmen dient der hohe Preis insbesondere dazu, die Zielgruppe von der Nicht-Zielgruppe abzugrenzen bzw. zu schützen und so das soziale Risiko zu reduzieren. Bedingt durch die hohen Preise können nur gewisse Konsumentengruppen Luxusmarken erwerben; sie vermitteln der jeweiligen Luxusmarke auf diese Weise einen zusätzlichen Hauch von Exklusivität und Wert (vgl. Fassnacht/Simon 2009, S. 64; Lasslop 2005, S. 485). Darüber hinaus fungiert der hohe Kaufpreis einer Luxusmarke als ein Merkmal für finanziellen Wohlstand, Prestige und Status. Viele Nachfrager wählen daher, getrieben von Snob- und Veblen-Effekten (vgl. Fassnacht/Simon 2009, S. 64), bewusst auffällige und teure Luxusgüter (wie z. B. Uhren, Mode oder Automobile) aufgrund ihrer extrinsischen Öffentlichkeits- und Demonstrationswirkung aus (vgl. zum Snob-und Veblen-Effekt Kap. 2.3).

Um dieses hohe Preisniveau legitimieren zu können, wird die Angebotsmenge bei Luxusmarken meist sehr begrenzt gehalten (vgl. Fassnacht/Simon 2009, S. 64; Kapferer 2001, S. 357). Diese Limitierung, die den Konsumenten kommuniziert wird, stellt ein zusätzliches Merkmal für die Exklusivität einer Marke dar und führt zu einer Unterstützung der Preise (vgl. Fassnacht/Simon 2009, S. 64).

Beispiel 1: Der Luxus-Schreibgerätehersteller Montblanc begrenzt seine Produktion der Füllhalterserie mit US-Präsidenten auf 50 Exemplare pro Präsident und verlangt für diese limitierte Stückzahl je nach Ausstattung ab 25.000 US-Dollar pro Füllhalter (vgl. Fassnacht/Simon 2009, S. 64f.).

Beispiel 2: Ebenso fertigt der englische Uhrmacher Roger Smith nur 13 personalisierte Uhren pro Jahr an, die er im Wert von 38.000 britischen Pfund an streng ausgewählte Kunden verkauft (vgl. Fassnacht/Simon 2009, S. 65).

Beispiel 3: Ein weiteres Beispiel liefert der Lederwarenhersteller Hermès, der den Effekt der Knappheit mit langen Wartelisten von bis zu mehreren Jahren und Preisen bis zu 50.000 US-Dollar unterstreicht (vgl. Michalsky 2010, o. S.).

In diesem Zusammenhang wird deutlich, dass eine kombinierte Festlegung von Menge und Preis für die Preispolitik von Luxusmarken essenziell ist. Sowohl höhere Produktionszahlen aufgrund einer größeren Nachfrage als auch Preissenkungen oder eine Rabattpolitik würden das Preisvertrauen der Konsumenten nachhaltig schädigen und zu Absatzrückgängen führen (vgl. Fassnacht/Simon 2009, S. 64; Lasslop 2005, S. 486). Um solche Auswirkungen zu verhindern, drückt sich die Preispolitik von Luxusmarken in einer gewissen Konstanz aus. Wichtig ist auch die Wahrung eines bestimmten Preisabstandes zwischen den Luxusmarken und den Nicht-Luxusmarken innerhalb einer Produktkategorie, der in der Regel mit Hilfe einer zurückhaltenden Rabatt- und Konditionenpolitik gewährleistet werden soll. Erfolgt dies, so kann die besondere Aura, die die Luxusmarken aufgrund ihrer Preisstellung umgibt, erhalten werden (vgl. Lasslop 2005, S. 486).

5 Zusammenfassung

Betrachtungsgegenstand der vorliegenden Arbeit war es, einen detaillierten Einblick in die strategischen und operativen Entscheidungsfelder des Markenmanagements zu geben. Dabei erfolgte zunächst die Erarbeitung der konzeptionellen Grundlagen. Durch die definitorische Einordnung der Luxusmarke und ihrer Funktionen gegenüber Nachfragern und Markenführern wurde der theoretische Rahmen gebildet. Dabei ließ sich feststellen, dass der Hauptnutzen, den die Konsumenten durch Luxusmarken haben, in der Möglichkeit besteht, die eigenen Wertvorstellungen zum Ausdruck zu bringen sowie bestimmte Zugehörigkeiten zu demonstrieren. Durch ihre aufgeladene Markenidentität im Rahmen der Markenpositionierung ermöglichen Luxusmarken den Konsumenten eine Abgrenzung zu bestimmten sozialen Gruppen vorzunehmen, wie auch eine Zugehörigkeit zu der gewählten Gesellschaftsschicht zu demonstrieren. Die Luxusmarke, die sich durch eine Ansammlung von spezifischen Merkmalen, wie z. B. höhere Qualität, Einzigartigkeit oder hohe Preisstellung auszeichnet, ist somit in der Lage, für den Konsumenten einen ideellen Nutzen zu stiften.

Auf der Ebene des strategischen Markenmanagements zeigte sich, dass die emotionale und symbolische Aufladung der Markenidentität grundlegenden Identitätsquellen zu verdanken ist, wie der Gründerpersönlichkeit, der Markengeschichte und der Adaptions-und Innovationsfähigkeit. Unterstützt werden diese Quellen von zusätzlichen einzigartigen ästhetischen sowie symbolischen Markennutzaspekten und einer unverwechselbaren Markenpersönlichkeit, die einen enormen Einfluss auf die Differenzierung am Markt ausübt. Zudem ließ sich feststellen, dass Luxusmarken vermehrt als Dach- oder Familienmarken geführt werden, da diese beiden Strategien der Marke vereinfachte Ausweitungsmöglichkeiten in neue Märkte bzw. auf neue Zielgruppen gewähren. Die Dachmarkenstrategie verfügt darüber hinaus über eine klare Verbindung zwischen Unternehmen und Marke, die im Rahmen der Luxusmarken einen entscheidenden Vorteil bietet.

Bei der Markenausdehnung konnte konstatiert werden, dass Luxusmarken vorrangig die Line Extensions und den Markentransfer verwenden. Mit diesen Formen wird eine klar ersichtliche Bindung zur Stammmarke beibehalten, die einen wichtigen Faktor bei der Kaufmotivation darstellt. Insbesondere beim Markentransfer können die Unternehmen ihre Markennamen auf eine große Anzahl an unterschiedlichen Produktkategorien übertragen und die unterschiedlichen Bedürfnisse ihrer verschiedenen Kundensegmente besser ansprechen. Diese bessere Marktabdeckung ermöglicht es Unternehmen schließlich die Schaffung eines ganzen Luxusmarkenuniversums zu gestalten. Die Ziele, die eine solche Markenausdehnung verfolgen sind vor allem die Ausschöpfung von Wachstumspotenzialen, die Ertragssteigerung und die Erschließung neuer Zielgruppen. Dabei sollten Markenführer die Risiken und Gefahren, die derartige Dehnungen mit sich bringen jedoch nicht unterschätzen. Negative Ausstrahlungseffekte, wie auch die Gefahr einer Beschädigung des Markenprofils aufgrund von Verwässerung, können Luxusmarken beträchtlich schaden und den Exklusivitäts- und Prestigestatus der Marken mindern.

Durch die Einbindung unterschiedlicher Imageobjekte sind Luxusmarken in der Lage ihr Image, ihre Bekanntheit sowie ihren Wert und ihre Position zu unterstreichen und zu verbessern. Bei der Analyse und Überprüfung der verschiedenen Optionen zur Markenanreicherung zeigte sich unter anderem die besondere Beliebtheit zur Zusammenarbeit mit Testimonials wie auch die Vergabe von Markenlizenzen. So stellen vor allem in den Bereichen der Bekleidung und Parfüms Lizenzprodukte eine zusätzliche Einkommensquelle dar und wirken damit markenwertsteigernd, wohingegen Testimonials insbesondere für die Bekanntheit und Imagestärkung bzw. -verbesserung eingesetzt werden.

Zusätzlich zu den strategischen Entscheidungsfeldern müssen auch im operativen Markenmanagement wichtige Entscheidungen hinsichtlich der Führung von Luxusmarken getroffen werden. Um die Grundlage für die außergewöhnliche Symbolkraft und die Vermittlung der einzigartigen Exklusivität zu sichern, haben die Luxusunternehmen die Aufgabe, eine nachhaltige Markierung für ihre Marke durchzuführen. Dabei trägt jedes der Elemente einen grundlegenden Teil zur Positionierung und Differenzierung des Produktes bei, um auf diese Weise eine wirklich effektive Wirkung der Markierung erreichen zu können. Dazu gehört die Bildung eines merkfähigen und prägnanten Markennamens und -zeichens, welche die grundlegenden Erkennungsmerkmale der Marke darstellen, die auch die symbolische Kraft repräsentieren. Der Name und das Zeichen garantieren das Hervorrufen von Imagewirkungen und Assoziationen, die mit der Marke und ihrer Positionierung verbunden sind. Dies bedeutet, dass auch bei mangelnder Information über eine Marke ein wirksamer Markenname, ein wirksames Markenzeichen bzw. Symbol oder auch ein prägnantes Design bei Konsumenten Präferenzen erzeugen und sie auf diese Weise zu wiederholten Käufen bewegen können. Diese Markierungselemente sollten so gewählt werden, dass sie sich leicht in den Köpfen der Konsumenten verankern und mit der Marke relevante Bilder erzeugen.

Bezüglich der kommunikativen Markierungselemente wurde erkannt, dass vor allem Slogans einen wichtigen Faktor darstellen, wohingegen sich Jingles und Charaktere wiederum als eher weniger relevante Brandingelemente für Luxusmarken bestätigt haben.

Ein weiterer Ansatz wurde mit den Besonderheiten der Vertriebs- und Preispolitik behandelt, wobei festgestellt wurde, dass der selektive Vertrieb wie auch die konstante überdurchschnittliche Preisstellung einen wichtigen Anteil an der Schaffung der exklusiven und symbolischen Kraft der Luxusmarken ausmachen. Dazu zählen beispielsweise der Aufbau von Distanz zwischen der Luxus- und der Nicht-Luxusmarke sowie die Bildung von Eintrittsbarrieren für die Nicht-Zielgruppe. Weiterhin ist es für Luxusunternehmen von großer Bedeutung die Wechselwirkungen zwischen den unterschiedlichen Elementen zu berücksichtigen, denn der Gesamteindruck einer Marke kann erst durch die Kombination der unterschiedlichen Markierungselemente repräsentiert werden.

Damit Luxusmarken erfolgreich und nachhaltig am Markt bestehen, sollten Unternehmen diese strategischen wie auch operativen Gesichtspunkte der Markenführung genau beachten, um die Exklusivität wie auch die emotionale Bindung zu den Konsumenten nicht zu verlieren.

Anhang

Anhang 1: Beispiele für Lizenzmarken (mit der expliziten Nennung von Lizenznehmer und Lizenzgeber)

Lizenznehmer	Lizenzgeber
Adolf Ahlers	Kenzo-Strümpfe, Pierre-Cardin-Jeans
Biberna	Tom-Tailor-Bettwäsche
Billerbeck Betten	Joop-Living-Bettwaren
Charmant	Boss-Brillen
Eterna	Porsche-Uhren
Falke	Socken von Joop, Boss
Fossil	Emporio-Armani-Uhren
Junghans	Joop-Uhren
Luxottica	Brillen von Ray Ban, Versace, Chanel, YSL, Moschino, Vogue, Bulgari
Marchon	Brillen von Calvin Klein, DKNY, Fendi
Menrad	Brillen von Joop, Davidoff, Jaguar, Dupont
Mustang	Joop-Jeans, Joop-Kids
Rodenstock	Porsche-Design-Brillen
Rösch	Louis-Feraud-Lingerie
Schiesser	Hugo-Boss-Unterwäsche
Seidensticker	Joop-Hemden
Gerry Weber	Aigner-Jeans

Quelle: Pepels (2006), S. 48f.

93

Anhang 2: Die Mitgliedsmarken des Comité Colbert

Marke	Gründungsjahr	Tätigkeitsbereich
Mellerio dits Meller	1613	Schmuck und Uhren
Revillon	1723	Mode
Rémy Martin	1724	Champagner, Wein und Spirituosen
Champagne Ruinart	1729	Champagner, Wein und Spirituosen
Baccarat	1764	Kristallglas
Cristalleries de Saint-Louis	1767	Kristallglas
Champagne Veuve Clicquot Ponsardin	1772	Champagner, Wein und Spirituosen
Breguet	1775	Schmuck und Uhren
Souleido	1780	Dekoration
Chateau d'Yquem	1786	Champagner, Wein und Spirituosen
Champagne Laurent-Perrier	1812	Champagner, Wein und Spirituosen
Puiforcat	1820	Tafelsilber
Faienceries de Gien	1821	Porzellan
Mauboussin	1827	Schmuck und Uhren
Guerlain	1828	Parfüm
Champagne Bollinger	1829	Champagner, Wein und Spirituosen
Christofle	1830	Tafelsilber
Chateau Cheval Blanc	1832	Champagner, Wein und Spirituosen
Le Meurice	1835	Hotellerie und Gastronomie
Courvoisier	1835	Champagner, Wein und Spirituosen
Hermès	1837	Lederwaren
Champagne Krug	1843	Champagner, Wein und Spirituosen

Cartier	1847	Schmuck und Uhren
Hédiard	1854	Hotellerie und Gastronomie
Louis Vuitton	1854	Lederwaren
Chateau Lafite-Rothschild	1855	Champagner, Wein und Spirituosen
Boucheron	1858	Schmuck und Uhren
Bernardaud	1863	Porzellan
Orfèvrerie d'Ercuis	1867	Tafelsilber
Lesage	1870	Mode
S. T. Dupont	1872	Schmuck und Uhren
Daum	1875	Kristallglass
Flammarion Beaux Livres	1875	Dekoration
Jeanne Lanvin	1889	Mode
Delisle	1895	Tafelsilber
Hotel Ritz	1898	Hotellerie und Gastronomie
John Lobb	1899	Lederwaren
Caron	1904	Parfüm
Van Cleef & Arpels	1906	Schmuck und Uhren
Charles	1908	Tafelsilber
Hôtel de Crillon	1909	Hotellerie und Gastronomie
Hôtel Royal Evian	1909	Hotellerie und Gastronomie
Lalique	1910	Kristallglass
Hotel Plaza Athénée	1911	Hotellerie und Gastronomie
Chanel	1912	Mode
Jean Patou	1919	Mode
Didier Aaron	1923	Dekoration
Bussière	1924	Dekoration
Chanel	1924	Parfüm
D. Porthault	1924	Dekoration

Robert Haviland & C. Parlon	1924	Porzellan
Jean Patou Paris	1925	Parfüm
Lanvin	1925	Parfüm
Rochas	1925	Parfüm
Hôtel George V	1928	Hotellerie und Gastro-nomie
Nina Ricci	1932	Mode
Lacoste	1933	Mode
La Chemise Lacoste	1933	Mode
Lancôme	1935	Parfüm
Pierre Frey	1935	Dekoration
Léonard	1943	Mode
Nina Ricci	1945	Parfüm
Oustau de Baumaniere	1945	Hotellerie und Gastro-nomie
Pierre Balmain	1945	Mode
Celine	1946	Mode
Taillevent	1946	Hotellerie und Gastro-nomie
Christian Dior	1947	Mode
Christian Dior	1948	Parfüm
Hermès	1948	Parfüm
Givenchy	1951	Mode
Givenchy	1957	Parfüm
Guy Laroche	1957	Mode
Lenôtre	1957	Hotellerie und Gastro-nomie
Manuel Canovas	1963	Dekoration
Restaurant Hôtellerie Michel Guérard	1965	Hotellerie und Gastro-nomie
Jean-Louis Scherrer	1971	Mode
Van Cleef & Arpels	1976	Parfüm

Quelle: Braun (1997), S. 277f.; Comité Colbert (2010)

Anhang 3: Abstract

When it comes to luxury brands, clients as well as marketing experts and managers show the same amount of admiration. And this is a phenomenon not only of today, but in fact for several decades. For a long time luxury brands have fascinated people with their power, their global reputation, as well as their huge importance for their consumers alternatively clients.

To ascertain reasons for this continuous interest and the respective willingness to pay fairly high prices, it is helpful to look at the management of luxury brands. By managing these valuable brands, managers have to make many different decisions in order to create such a powerful and prestigious brand as for example Dom Perignon, Louis Vuitton or Rolls Royce. To enjoy the same authority as these named brands, managers and marketing people need to examine the diverse aspects of the strategic and the operative area of luxury brand management and make decisions that lead to an establishment of a highly exclusive brand.

In addition to these management decisions, it is however also very important to consider the factor of time, as it plays a major role in creating the prestige status and symbolism that are represented by many successful luxury brands. Bernard Arnault, the CEO of LVMH once said that it can take a company at least 30 years to build an effective luxury brand, but once it has been built and established in the market, it is able to resist any crisis. This means that time and the "right" decision making in the strategic and operative management area form the basis for a valuable and exclusive luxury brand.

Therefore one of the main objectives of this paper is the analysis of the different dimensions of the strategic as well as the operative management area. However before this main examination, the paper deals with the conceptual framework which gives the first insight into the world of such brands. The first principle point in this process is the definition of the term 'luxury brand' and its distinction from the term 'premium brand', which is unfortunately frequently assumed to be the same by mistake. A luxury brand can above all be distinguished through:

- a shortage of the quantity of supply to assure the high level of exclusiveness,
- a limited availability of the products,
- a very high price level,
- high reputation and status in the society, and
- a symbolic and affective benefit for their consumers and clients

After the definitional placement of the luxury brand term, this paper focuses on the various functions that brands generally carry out for their clients and brand leaders and the reasons for the consumption of luxury brands, which can be separated into intrinsic (i.e. the quest for self-realisation or the expression of him/her self) and extrinsic (i.e.

adjustment to social groups) swayed motives. Additionally, this chapter discusses the major luxury brand segments, which can be inter alia split up into the following areas:

- ready-to-wear clothes
- leather goods
- faïence and porcelain
- champagne, wine and spirits
- hospitality and gastronomy
- jewellery and watches,
- and fragrances

Following the introduction of luxury brands, this paper then focuses on the second principle point, namely the topic of strategic management. This main section can be divided into two important subitems.

The first subitem implies on one hand the creation of three different types of luxury brand architecture, as well as the decision about the brand roles inside these established brand networks, and on the other hand it analyses the diverse ways of stretching the luxury brands. When it comes to building brand architecture, the brand management differentiates between three major strategies; the single brand strategy, umbrella brand strategy and the product line branding strategy, which are also known as the static brand strategies.

While companies with single brand strategies launch each of their products and services under an individual brand name and offer an independent product promise for each (e.g. TAG Heuer and Givenchy represent single brands of the company LVMH), companies that do decide to manage their products under an umbrella brand strategy bring all their products and services under a corporate name to the market.

The umbrella brand strategy provides one corporate product promise that is represented by all of the products offered under its corporate brand name, for example Chanel or Hermès. Whilst the umbrella brand strategy especially stands out because of its economic benefits and the simplified method of launching new products, the single brand strategy in contrast offers every brand the opportunity to distinguish itself in the marketplace and find its own positioning.

Thirdly, there is of the course the product line branding strategy, which combines the advantages of both of the previously mentioned strategies and characterizes itself as a strategy by which companies have individual brand names for their several product lines. All the products launched in one product line are representative for a common product promise and contribute to the establishment of the same brand name. Unlike the umbrella brand strategy, companies using this strategy to manage their luxury brands are able to manage several brands side by side. It is possible to find all three types in the luxury goods industry, whereas many luxury brand companies prefer to manage their brand with an umbrella or product line branding strategy, mainly due to the strong link existing between company brand names and products that these two strategies are able to provide. Therefore, this strong link is one of the main reasons why clients and consumers buy luxury products, because what would be the point of purchasing an expensive bag, yet not being able to show which luxury company it is from.

In addition to these fundamental brand strategies, this paper also concentrates on the dynamic brand strategies, which are used by companies to develop their basic brand architecture. Thereby the brand management distinguishes between three different types, which are the line extension, the brand extension and the multi branding.

The first type that is referred to as the line extension is stretching the brand architecture in terms of the launch of additional versions of an existing established product that is already in the market, such as by launching a new flavor, new size or new packaging of an existing product, whereas the brand extension strategy extends the brand architecture by transferring the brand name to a selection of new products. In many cases the brand name is even transferred to product categories that have nothing in common with the brands' base products, for example when the automobile manufacturer Porsche transferred its brand name to sunglasses and other home accessories.

The third type of brand architecture extension is represented by multi–branding, where companies opt for a parallel launching of several products that all satisfy the same needs. The reason companies decide to this can be predicated on the will to operate within a bigger market. That is to say that when they offer Champagne at different price levels, they can better serve more consumers than when they only offered Champagne at a very high price.

Also part of this subitem, are the different varieties of brand leverage. As there exist several different types of brand leverage, this paper will concentrate on five of the most important ones. These are:

- Co-branding
- Licensing
- Testimonial
- Sponsoring
- Country-of-Origin

All these types of brand leverage are used by successful luxury brands, where it can be observed that especially brand licensing, the cooperation with testimonials and the sponsoring of sports and cultural activities and projects play a significant role in raising brand awareness and brand recognition. By sponsoring well-known events or athletes or cooperating with popular celebrities, luxury brand companies are able to emphasise their special status and exclusiveness. Brand licensing in contrast represents rather a special type of brand extension. Licenser and licensee reach an agreement in which the licensor allows the licensee to use its brand name for his no-name product and in return estimates a licence fee. Consequently the luxury brand, which is the licensor in this case, is able to extend its product range and thereby also affect awareness, as the new licensed product may attract new customers.

The second subitem on the other hand refers to the positioning of the luxury brand. The paper thereby centres above all on the identity of the brand, the benefits the particular brand can offer its customers, and finally the personality that is composed by the selfsame luxury brand.

Subsequently this paper deals with its third and final principle point, which is defined by the operative brand management. In contrast to the strategic section of the brand management, this brand management area focuses on the branding of the various brands.

For this purpose this point is discussed under the main branding elements, which are inter alia:

- Brand name
- Logos and Symbols
- Packaging and Design
- Slogans and Jingles
- and finally Characters

A "good" branding is especially important in the meaning of brand recognition as well as the separation from other brands in the market. Once a luxury brand establishes a unique, lasting, and not easily emulated branding, it is able to survive in the market for a very long time (i.e. Louis Vuitton, Chanel, Maserati).

Finally, this paper discusses the main specifics of the distribution and price policy when it comes to luxury brands.

To conclude one can say that luxury brand companies need to take into consideration a number of important decisions in the areas of strategic as well as operative brand management, in order to achieve and naturally retain the prestige and exclusive reputation for which they receiving their admiration.

Literaturverzeichnis

Aaker, D. A. (1992): Management des Markenwerts, Frankfurt am Main.

Aaker, D. A.; Joachimsthaler, E. (2001): Brand Leadership – Die Strategie für Siegermarken, München.

Alexander McQueen (2010a): Collection; URL: http://www.alexandermcqueen.com/int/en/corporate/archive2010_ssm_womens.aspx [Zugriff: 25.12.2010].

Alexander McQueen (2010b): Flagship Stores; URL: http://www.alexandermcqueen.com/int/en/servicePages/storeLocator_London.aspx [Zugriff: 25.12.2010].

Alexander, E. (2010): Rodarte Controversy, Vogue; URL: http://www.vogue.co.uk/news/daily/100720-rodarte-and-mac-juarez-controversy.aspx [Zugriff: 1.12.2010].

Ame Info (2008a): Tiffany & Co. Launches the Maria Sharapova Collection in the UAE; URL: http://www.ameinfo.com/162661.html [Zugriff: 5.12.2010].

Ame Info (2008b): Tiffany & Co. sponsors 30th anniversary of Dubai College; URL: http://www.ameinfo.com/160761.html [Zugriff: 8.12.2010].

Arber, D. (1997): Hilfsmittel zur Beschreibung von Markensystemen, Arbeitspapier Nr. 30, Universität Bern.

Armani (2010): Armani; URL: http://www.giorgioarmani.com/ [Zugriff: 22.11.2010].

Armani 5th Avenue (2010): Armani 5th Avenue; URL: http://www.armani5thavenue.com/armani_5thave_docs/popup_en.html [Zugriff: 25.12.2010].

Armani Exchange (2010): Armani Exchange; URL: http://www.armaniexchange.com/home.do [Zugriff: 2.12.2010].

Armani Hotels (2010): Armani Hotels & Resorts; URL: http://www.armanihotels.com/en/index.html [Zugriff: 2.12.2010].

Armani Jeans (2010): Armani Jeans; URL: http://www.armanijeans.com/armani_jeans_index.html [Zugriff: 4.12.2010].

Aston Martin (2010): James Bond; URL: http://www.astonmartin.com/eng/gallery/imagegallery/jamesbond [Zugriff: 8.12.2010].

Baas, B. (2003): Armani trotzt mit Luxus der Krise, Handelsblatt; URL: http://www.handelsblatt.com/archiv/armani-trotzt-mit-luxus-der-krise;630865 [Zugriff: 2.12.2010].

Balmain (2010): La maison Balmain-Historique; URL: http://www.balmain.com/histoire-maison-de-couture-balmain/ [Zugriff: 4.12.2010].

Bang&Olufsen (2010): Bang&Olufsen; URL: http://www.bang-olufsen.com/ [Zugriff: 11.12.2010].

Baumgarth, C. (2008): Markenpolitik – Markenwirkungen, Markenführung, Marken-controlling, 3. Auflage, Wiesbaden.

Baumgarth, C. (2004): Erscheinungsformen von Markenstrategien, in: Bruhn, M. (Hrsg.): Handbuch Markenführung, Bd. 1: Strategien, Instrumente, Erfahrungen, 2. Auflage, S. 677–697.

Becker, J. (2004): Typen von Markenstrategie, in: Bruhn, M. (Hrsg.): Handbuch Markenführung, Bd. 1: Strategien, Instrumente, Erfahrungen, 2. Auflage, S. 637–675.

Becker, J. (2002): Marketing-Konzeption: Grundlagen des zielstrategischen und operativen Marketing-Managements, 7. Auflage, München.

Becker, J. (2001): Einzel-, Familien- und Dachmarken als grundlegende Handlungsoptionen, in: Esch, F. R. (Hrsg.): Moderne Markenführung, 3. Auflage, Wiesbaden, S. 297–316.

Belvedere Vodka (2010a): Belvedere Vodka – The Collection; URL: http://www.belvederevodka.com/collection/belvedere-vodka [Zugriff: 1.12.2010].

Belvedere Vodka (2010b): About Belvedere Vodka; URL: http://www.belvederevodka.com/believe/about [Zugriff: 9.12.2010].

Belz, O. (1994): Luxusmarkenstrategie, in: Bruhn, M. (Hrsg.): Handbuch Markenartikel, Bd. 1: Markenbegriffe, Markentheorien, Markeninformationen, Markenstrategien, S. 645–652.

Bentley Motors (2010): History 1910–1919; URL: http://www.bentleymotors.com/distinguished_heritage/history/1910__1919/ [Zugriff: 18.12.2010].

Beo World (2007): Bang & Olufsen – A short History – The first 25 years; URL: http://www.beoworld.org/article_view.asp?id=30 [Zugriff: 9.12.2010].

Berdi, C. (2003): Prestige für souveräne Kunden, in: Absatzwirtschaft Sonderheft, Dossier Luxus-Marketing, S. 102–103.

Biel, A. L. (2001): Grundlagen zum Markenwertaufbau, in: Esch, F. R. (Hrsg.): Moderne Markenführung, 3. Auflage, Wiesbaden, S. 61–90.

Bildkritik Wordpress (2007): Gorbatschow vs. Louis Vuitton; URL: http://bildkritik.wordpress.com/2007/11/23/gorbatschow-vs-luis-vuitton/ [Zugriff: 1.12.2010].

Binder, C. U. (2005): Lizenzierung von Marken, in: Esch, F. R. (Hrsg.): Moderne Markenführung, 4. Auflage, Wiesbaden, S. 523–549.

Binder, C. U. (2001): Lizenzierung von Marken, in: Esch, F. R. (Hrsg.): Moderne Markenführung, 3. Auflage, Wiesbaden, S. 385–411.

Binder, C. U. (1999): Lizenzierung von Marken, in: Esch, F. R. (Hrsg.): Moderne Markenführung, Wiesbaden, S. 357–377.

Blechner, N. (1995): Man gönnt sich ja sonst nichts, in: PR-Magazin, Heft 8, S. 14–17.

Boat international Media (2010): Bulgari to sponsor World Superyacht Awards 2010; URL: http://www.boatinternationalmedia.com/news.asp?id=79 [Zugriff: 4.12.2010].

Böhler, H.; Scigliano, D. (2005): Marketing-Management, Stuttgart.

Bottle World (2010): Belvedere Vodka; URL: http://www.bottleworld.de/wodka/belvedere-wodka-6-liter.html [Zugriff: 2.12.2010].

Boucheron (2010): Boucheron; URL: https://www.boucheron.com/#/home/ [Zugriff: 11.12.2010].

Braun, M. W. (1997): Becoming an Institutional Brand a Long-Term Strategy for Luxury Goods, Bamberg.

Breitling for Bentley (2010): Breitling for Bentley; URL: http://www.breitlingforbentley.com/ [Zugriff: 3.12.2010].

Büchelhofer, R. (2002): Markenführung im Volkswagen-Konzern im Rahmen der Mehrmarkenstrategie, in: Meffert, H.; Burmann, C.; Koers, M. (Hrsg.): Markenmanagement, Wiesbaden, S. 526–541.

Bulgari (2010a): Company Overview; URL: http://en.bulgari.com/about/about_bulgari.jsp?cat=cat00105#homeAB.jsp?cat=cat001 06 [Zugriff: 22.11.2010].

Bulgari (2010b): Bulgari; URL: http://en.bulgari.com/ [Zugriff: 16.12.2010].

Burberry (2010): Burberry; URL: http://www.burberry.de/ [Zugriff: 11.12.2010].

Burmann, C.; Meffert, H. (2005): Managementkonzept der identitätsorientierten Markenführung, in: Meffert, H.; Burmann, C.; Koers, M. (Hrsg.): Markenmanagement, 2. Auflage, Wiesbaden, S. 74–114.

Burmann, C.; Meffert, H.; Koers, M. (2005): Stellenwert und Gegenstand des Markenmanagement, in: Meffert, H.; Burmann, C.; Koers, M. (Hrsg.): Markenmanagement, 2. Auflage, Wiesbaden, S. 4–17.

Cartier (2010): Cartier; URL: http://www.cartier.de/#/beraten-cartier/geschenkideen [Zugriff: 11.12.2010].

Chanel (2010): Chanel; URL: http://www.chanel.com/fashion/2#2-chanel-collection [Zugriff: 1.12.2010].

Chevalier, M.; Mazzalovo, G. (2008): Luxury brand management: a world of privilege, Singapore.

Christian Louboutin (2010a): Christian Louboutin; URL: http://www.christianlouboutin.com/#/loubi_blog&gossip [Zugriff: 30.12.2010].

Christian Louboutin (2010b): Christian Louboutin; URL: http://us.christianlouboutin.com/ [Zugriff: 24.12.2010].

Clarins (2010a): Clarins Welt; URL: http://de.clarins.com/clarins-cosmetics/about-clarins/president-s-message/63/ [Zugriff: 2.12.2010].

Clarins (2010b): Clarins Bestseller; URL: http://de.clarins.com/clarins-cosmetics/best-sellers/81/ [Zugriff: 2.12.2010].

Comité Colbert (2010): Les maisons; URL: http://www.comitecolbert.com/internet/index.php?option=com_content&task=view&id=76&Itemid=70 [Zugriff: 27.11.2010].

Design Museum (2010): Drawing Fashion; URL: http://designmuseum.org/media/item/76545/3176/Drawing-Fashion-FINAL.pdf [Zugriff: 5.12.2010].

Designboom (2010): L'hélicoptère par hermès; URL: http://www.designboom.com/contemporary/hermeshelicopter.html [Zugriff: 19.11.2010].

Diller, H. (2008): Preispolitik, 4. Auflage, Stuttgart.

Dior (2010): J'adore Dior; URL: http://www.dior.com/beauty/deu/de/minisite/fragrance/jadore2010/tf12-14.html [Zugriff: 5.12.2010].

Dior Couture (2010): Dior Couture; URL: http://www.diorcouture.com/uk/dior_uk.html [Zugriff: 1.12.2010].

Dubois, B.; Paternault, C. (1995): Observations: Understanding the world of international luxury brands: The "dream formula", in: Journal of Advertising Research, 35. Jg., Heft 4, S. 69–76.

Dunhill (2010): Dunhill; URL: http://www.dunhill.com/ [Zugriff: 10.12.2010].

Elcompanies (2010): The Estée Lauder Companies Inc. Family of Brands; URL: http://www.elcompanies.com/our_brands/our_brands.php [Zugriff: 29.11.2010].

Emporio Armani (2010): Emporio Armani; URL: http://www.emporioarmani.com/armani/home/realgender/WOMEN/tskay/0A8FFDBC/gender/D [Zugriff: 1.12.2010].

Engelhorn, P. (2010): Designer-Bars: Gastro-Chic, Das Schweizer Wirtschaftsmagazin Bilanz; URL: http://www.bilanz.ch/edition/artikel.asp?AssetID=7108 [Zugriff: 2.12.2010].

Esch, F. R. (2008): Strategie und Technik der Markenführung, 5. Auflage, München.

Esch, F. R.; Herrmann, A.; Sattler, H. (2008): Marketing: Eine management-orientierte Einführung, 2. Auflage, München.

Esch, F. R.; Fuchs, M.; Bräutigam, S.; Redler, J. (2001): Konzeption und Umsetzung von Markenerweiterungen, in: Esch, F. R. (Hrsg.): Moderne Markenführung, 3. Auflage, Wiesbaden, S. 755–791.

Esch, F. R.; Langner, T. (2001): Branding als Grundlage zum Markenaufbau, in: Esch, F. R. (Hrsg.): Moderne Markenführung, 3. Auflage, Wiesbaden, S. 297–316.

Esch, F. R.; Wicke, A. (2001): Herausforderungen und Aufgaben des Markenmanagements, in: Esch, F. R. (Hrsg.): Moderne Markenführung, 3. Auflage, Wiesbaden, S. 3–55.

Esch, F. R.; Langner, T. (1999): Gestaltung von Markenlogos, in: Esch, F. R. (Hrsg.): Moderne Markenführung, Wiesbaden, S. 465–490.

Fassnacht, M.; Simon, H. (2009): Preismanagement, 3. Auflage, Wiesbaden.

FAZ (2010): Wirtschafts- & Finanzkrise; URL: http://www.faz.net/s/Rub58241E4D-F1B149538ABC24D0E82A6266/Doc~E996A1 ADC2E314-DEAA6CB80EC520A42B8~ATpl~Ecommon~SMed.html [Zugriff: 10.12.2010].

Ferragamo (2010a): Keys Messages; URL: http://www.ferragamo.com/webapp/wcs/stores/servlet/TopCategories_31150_35551# /simpleslidepage-creations/27672 [Zugriff: 5.12.2010].

Ferragamo (2010b): Salvatore Ferragamo; URL: http://www.ferragamo.com/webapp/wcs/stores/servlet/TopCategories_31150_35551 [Zugriff: 16.12.2010].

Ferrari (2010): Ferrari; URL: http://www.ferrari.com/English/Pages/Home.aspx [Zugriff: 24.12.2010].

Fiske, N.; Silverstein, M. J. (2003): Luxury for the Masses, in: Harvard Business Review, Vol. 81, Issue 4, S. 48–57.

Forrester, S. (2010): MAC Attack, Vogue; URL: http://www.vogue.co.uk/beauty/news/100720-rodarte-mac-make-up-juarez-controve.aspx [Zugriff: 1.12.2010].

French Connection (2010): Fashion is our Business, URL: http://www.frenchconnection.com/marketing.aspx?contentid=fashion-is-our-business&seoterm=fashion-is-our-business&contentfolderid=marketing&& [Zugriff: 15.12.2010].

Frith, M. (2005): Two more labels ditch Moss over cocaine abuse, The Independent UK; URL: http://www.independent.co.uk/news/uk/this-britain/two-more-labels-ditch-moss-over-cocaine-abuse-507846.html [Zugriff: 19.11.2010].

Ganz-München (2010): Emporio Armani Caffé München in den Fünf Höfen; URL: http://www.ganz-muenchen.de/gastro/restaurants/italienisch/emporio_armani_caffe/a mbiente.html [Zugriff: 2.12.2010].

Gardini, M. A. (2009): Marketing-Management in der Hotellerie, 2. Auflage, Oldenbourg.

Gardini, M. A. (2007): Einführung in das Marketing-Management – Ein Überblick in Schaubildform, Oldenbourg.

Genuss Maenner (2010): Maybach Eyewear – Meisterstücke aus der Brillenmanufaktur; URL: http://www.genussmaenner.de/index.php?id=215,10342,0,0,1,0&print=1 [Zugriff: 4.12.2010].

Gilt (2010): Gilt; URL: http://www.gilt.com/ [Zugriff: 27.11.2010].

Giorgio Armani (2010a): Armani Casa; URL: http://www.giorgioarmani.com/armani_casa_docs/en/index.html#folderId=/en/catalogue [Zugriff: 1.12.2010].

Giorgio Armani (2010b): Armani Dolci Christmas 2008; URL: http://www.giorgioarmani.com/pressRelease/pressDetail?prid=33&year=20082009&language=EN [Zugriff: 2.12.2010].

Giorgio Armani Beauty (2010): Giorgio Armani Beauty; URL: http://www.giorgioarmanibeauty-usa.com/_us/_en/makeup/index.aspx [Zugriff: 2.12.2010].

Gotta, M. (1994): Branding, in: Bruhn, M. (Hrsg.): Handbuch Markenartikel, Bd. 2: Markentechnik, Markenintegration, Markenkontrolle, Stuttgart, S. 773–789.

Gucci Group (2010): Gucci Group; URL: http://www.guccigroup.com/ [Zugriff: 2.12.2010].

Haas, A. (2000): Premiummarke – quo vadis?, Competence Site; URL: http://www.competence-site.de/employer-branding/Premiummarke-quo-vadis [Zugriff: 5.11.2010].

Haase, H. (2000): Testimonialwerbung, in: planung&analyse, Heft 3, S. 56–60.

Haedrich, G.; Tomczak, T.; Kaetzke, P. (2003): Strategische Markenführung, 3. Auflage, Bern.

Hamann, M. (1975): Die Produktgestaltung – Rahmenbedingungen, Möglichkeiten, Optimierung, Würzburg, Wien.

Harrods (2010): Luxury Cuvees; URL: http://www.harrods.com/food-and-wine/champagne-and-sparkling/luxury-cuvees [Zugriff: 4.12.2010].

Hätty, H. (1989): Der Markentransfer, Heidelberg.

Hebben, M. (2010): Vernetzt wird andernorts, in: Horizont Nr. 47, S. 4.

Hermès (2010): The world of Hermès; URL:
http://germany.hermes.com/webapp/wcs/stores/servlet/CategoryDisplay?not-FirstTimeHomePage=true&jspStoreDir=Hermes+Europe+Store&catalogId=10051&categoryId=48455&isHomepage=true&langId=-3&storeId=10201&ddkey=HermesStoreResolver [Zugriff. 1.12.2010].

Hieronimus, F. (2003): Persönlichkeitsorientiertes Markenmanagement, in: Meffert, H. (Hrsg.) Schriften zu Marketing und Management, Band 47, Frankfurt am Main.

Hirn, W. (2008): Escada – Ein Konzern hängt durch, Manager Magazin; URL:
http://www.manager-magazin.de/magazin/artikel/0,2828,524573,00.html [Zugriff: 15.11.2010].

Homburg, C.; Krohmer, H. (2009): Marketingmanagement – Strategie, Instrumente, Umsetzung, Unternehmensführung, 3. Auflage, Wiesbaden.

Homburg, C.; Krohmer, H. (2003): Marketingmanagement – Strategie, Instrumente, Umsetzung, Unternehmensführung, Wiesbaden.

Hugo Boss (2010a): Sport Sponsorship, URL:
http://www.hugoboss.com/de/en/emag/sportsSponsorship/ [Zugriff: 4.12.2010].

Hugo Boss (2010b): Arts Sponsorship – Ausstellungen; URL:
http://www.hugoboss.com/at/de/emag/artsSponsorship/arts_exhibition_theanyspacew
hatever.php [Zugriff: 4.12.2010]-

Hugo Boss (2010c): Arts Sponsorship – Special Events; URL:
http://www.hugoboss.com/at/de/emag/artsSponsorship/arts_special_salzburg.php
[Zugriff: 4.12.2010].

Hype Magazine (2009): Gucci – Verfilmung der Familiensaga beginnt 2010; URL:
http://www.hype-magazine.com/blog/archives/tag/gucci [Zugriff: 10.12.2010].

Infiniti (2010): Infiniti; URL: http://www.infiniti.de/homepage.html [Zugriff: 2.12.2010].

Joseph, N. (2009): Infiniti and Louis Vuitton Pull the Veil off the Essence Concept in Geneva; URL: http://www.luxist.com/2009/03/09/infiniti-and-louis-vuitton-pull-the-veil-off-the-essence-concept/ [Zugriff: 13.11.2010].

Kapferer, J. N. (2001): Luxusmarken, in: Esch, F. R. (Hrsg.): Moderne Markenführung, 3. Auflage, Wiesbaden, S. 345–364.

Kapferer, J. N. (1999): Luxusmarken, in: Esch, F. R. (Hrsg.): Moderne Markenführung, Wiesbaden, S. 317–336.

Kapferer, J. N.; Bastien, V. (2009): The Luxury Strategy – Break the rules of marketing to build luxury brands, London.

Keller, K. L. (2003): Strategic Brand Management – Building, Measuring, and Managing Brand Equity, 2. Auflage, New Jersey.

Keller, K. L.; Apéria, T.; Georgson, M. (2008): Strategic Brand Management – A European Perspective, London.

Kenzo Parfums (2010): Kenzo Parfums; URL:
http://www.kenzoparfums.com/EN/kenzo.html [Zugriff: 1.12.2010].

Kisabaka, L. (2001): Marketing für Luxusmarken, Leipzig

Koeppler, K. (2000): Strategien erfolgreicher Kommunikation: Lehr- und Handbuch,
Oldenbourg.

Konietzke, J. (2010): Roberto Cavalli, Vogue; URL:
http://www.vogue.de/articles/mode/events/roberto-cavalli/2010/09/30/23316 [Zugriff: 14.11.2010].

Koppelmann, U. (1997): Produktmarketing – Entscheidungsgrundlagen für Produkt-
manager, 5. Auflage, Berlin.

Kroeber-Riel, W.; Weinberg, P. (2003): Konsumentenverhalten, 8. Auflage, München.

Kruse, K (2006): Freiheit, Beweglichkeit, Schwesterlichkeit, Zeit Online; URL:
http://www.zeit.de/leben/mode/m2_chanel [Zugriff: 17.12.2010].

La Sposa (2010): Armani Fiori; URL:
http://www.lasposa.it/eng/rubrica/Preparation/159/Armani-Fiori.aspx [Zugriff:
1.12.2010].

Lacoste (2010): Lacoste; URL: http://www.lacoste.com/deu/ [Zugriff: 11.12.2010].

Lamborghini (2010a): Ferruccio Lamborghini; URL:
http://www.lamborghini.com/2006/lamboSitenormal.asp?lang=eng [Zugriff:
9.12.2010].

Lamborghini (2010b): Lamborghini; URL:
http://www.lamborghini.com/2006/lamboSitenormal.asp?lang=eng [Zugriff:
15.11.2010].

Lanvin (2010): Lanvin, URL: http://www.lanvin.com/#/en/news [Zugriff: 12.12.2010].

Lasslop, I. (2005): Identitätsorientierte Führung von Luxusmarken, in: Meffert, H.;
Burmann, C.; Koers, M. (Hrsg.): Markenmanagement, 2. Auflage, Wiesbaden, S.
470–491.

Lasslop, I. (2002): Identitätsorientierte Führung von Luxusmarken, in: Meffert, H.;
Burmann, C.; Koers, M. (Hrsg.): Markenmanagement, Wiesbaden, S. 327–351.

Louis Vuitton (2010): Louis Vuitton, URL:
http://www.louisvuitton.com/fr/flash/index.jsp?direct1=home_entry_fr [Zugriff:
20.12.2010].

Louis Vuitton Trophy (2010): Louis Vuitton Trophy; URL:
http://www.louisvuittontrophy.com/home/ [Zugriff: 7.12.2010].

Luxique (2009): Louis Vuitton; URL: http://www.luxique.com/blog/2009/01/de-
bagged/ [Zugriff: 25.12.2010].

LVMH (2010a): LVMH Companies and brands, URL:
http://www.lvmh.com/groupe/pg_soc_liste.asp?rub=3&srub=0 [Zugriff: 20.12.2010].

LVMH (2010b): Wines & Spirits; URL: http://www.lvmh.com/groupe/pg_societe.asp?int_id=47&rub=3&srub=1 [Zugriff: 3.12.2010].

Markenlexikon (2011): Kannibalisierungseffekt; URL: http://www.markenlexikon.com/glossar_k.html [Zugriff: 3.01.2011].

Markenlexikon (2010a): Premiummarke; URL: http://www.markenlexikon.com/glossar_p.html [Zugriff: 18.11.2010].

Markenlexikon (2010b): Markenanreicherung; URL: http://www.markenlexikon.com/glossar_m.html [Zugriff: 3.12.2010].

Maserati (2010a): Maserati; URL: http://www.maserati.de/maserati/de/de/index.html [Zugriff: 1.12.2010].

Maserati (2010b): Quattroporte; URL: http://www.maserati.de/maserati/de/de/index/models/Quattroporte.html [Zugriff: 1.12.2010].

Mazzalovo, G. (2003): Neue Wege zum Wachstum, in: Absatzwirtschaft Sonderheft, Dossier Luxus-Marketing, S. 84–91.

McConnell, D. (2007): There's something about Scarlett, Daily Mail; URL: http://www.dailymail.co.uk/tvshowbiz/article-441717/Theres-Scarlett.html [Zugriff: 5.12.2010].

Meffert, H. (2006): Was macht eine starke Marke aus? – Identitätsorientierte Markenführung als Fundament, in: Herbrand, N. O.; Röhrig, S. (Hrsg.): Die Bedeutung der Tradition für die Markenkommunikation, Stuttgart, S. 125–149.

Meffert, H. (2002): Strategische Optionen der Markenführung, in: Meffert, H.; Burmann, C.; Koers, M. (Hrsg.): Markenmanagement, Wiesbaden, S. 135–165.

Meffert, H. (1998): Marketing – Grundlagen marktorientierter Unternehmensführung: Konzepte, Instrumente, Praxisbeispiele, 8. Auflage, Wiesbaden.

Meffert, H. (1994): Entscheidungsorientierter Ansatz der Markenpolitik, in: Bruhn, M. (Hrsg.): Handbuch Markenartikel, Bd. 1: Markenbegriffe, Markentheorien, Markeninformationen, Markenstrategien, S. 173–197.

Meffert, H.; Lasslop, I. (2004): Luxusmarkenstrategie, in: Bruhn, M. (Hrsg.) .): Handbuch Markenführung, Bd. 1: Strategien, Instrumente, Erfahrungen, 2. Auflage, S. 927–947.

Meffert, H.; Perrey, J. (2005): Mehrmarkenstrategien – identitätsorientierte Führung von Markenportfolios, in: Meffert, H.; Burmann, C.; Koers, M. (Hrsg.): Markenmanagement, 2. Auflage, Wiesbaden, S. 213–243.

Mei-Pochtler, A. (2003): Auf- oder Abstieg?, in: Absatzwirtschaft Sonderheft, Dossier Luxus-Marketing, S. 92–96.

Mertens, S. (2007): Emotionalisierung von Luxusmarken – Strategische und operative Ansatzpunkte im Rahmen der identitätsorientierten Markenführung, Saarbrücken.

Michalsky, M. (2010): Birkin Bag von Hermès, Welt Online; URL: http://besten.welt.de/Fashion/Taschen/Birkin-Bag-von-Hermes [Zugriff: 13.11.2010].

Miu Miu (2010): Miu Miu; URL: http://www.miumiu.com/campaign/adv [Zugriff: 20.12.2010].

Moet (2010): Jean-Rémy Moët, URL: http://www.moet.com/site.php?lg=en [Zugriff: 9.12.2010].

Müller (2011): Marketing Vorlesungsskript, 3. Auflage, FH Dortmund

Neises, B. (2007): Wenn Marken flirten, Horizont, Nr. 48; URL: http://www.noshokaty-doering-thun.com/fileadmin/downloads/presseclippings/Horizont_4807.pdf [Zugriff: 15.11.2010].

Net-a-porter (2010): Net-a-porter; URL: http://www.net-a-porter.com/de?cm_mmc=GoogleDE-_-Brands-_-Net-a-porter-_-Net-a-porter&bbcid=5716 [Zugriff: 27.11.2010].

Nueno, J. L; Quelch, J. A. (1998): The Mass Marketing of Luxury, in: Business Horizons, November-December, S. 61–68.

o. V. (2010a): Weltweit Wachstum im Luxussegment, Handelsjournal; URL: http://www.handelsjournal.de/9667_18893.htm [Zugriff: 18.10.2010].

o. V. (2010b): Ryan Reynolds named Face of Hugo Boss Fraggrance; URL: http://www.usmagazine.com/stylebeauty/news/ryan-reynolds-named-face-of-hugo-boss-fragrance-2010122 [Zugriff: 5.12.2010].

o. V. (2010c): Star-Designer Alexander McQueen ist tot, Spiegel Online; URL: http://www.spiegel.de/panorama/leute/0,1518,677330,00.html [Zugriff: 16.12.2010].

o. V. (2010d): Christian Louboutin steps ups international expansion, CPP-Luxury; URL: http://www.cpp-luxury.com/en/christian-louboutin-steps-ups-international-expansion_980.html [Zugriff: 11.11.2010].

o. V. (2009a): Infiniti und Louis Vuitton – Zwei Edelmarken gemeinsam in Genf, Presseportal; URL: http://www.presseportal.de/pm/69092/1347605/infiniti_europe [Zugriff: 14.11.2010].

o. V. (2009b): Madonna wirbt mit Hasenohren für Louis Vuitton, Welt Online; URL: http://www.welt.de/lifestyle/article4153544/Madonna-wirbt-mit-Hasenohren-fuer-Louis-Vuitton.html [Zugriff: 2.12.2010].

o. V. (2007): Gorbatschow wirbt für Louis-Vuitton-Taschen, Welt Online; URL: http://www.welt.de/politik/article1080216/Gorbatschow_wirbt_fuer_Louis_Vuitton_Taschen.html [Zugriff: 19.11.2010].

o. V. (2002): Every cloud has a satin lining, Special report – Luxury goods, in: The Economist, March 23rd, Vol. 362, Issue 8265, S. 65–68.

o. V. (2001): Die Geschichte von Louis Vuitton, Manager Magazin; URL: http://www.manager-magazin.de/unternehmen/artikel/0,2828,druck-172236,00.html [Zugriff: 12.11.2010].

Pander, J. (2010): Legendäres James-Bond-Auto wird versteigert, Spiegel Online; URL: http://www.spiegel.de/auto/aktuell/0,1518,698244,00.html [Zugriff: 8.12.2010].

Pätzmann, J. U.; Frank, J. (2004): Die Erfolgsfaktoren von Luxusmarken, in: Markenartikel, Heft 6, S. 30–37.

People (2010): Sexiest Man Alive: Ryan Reynolds, People; URL: http://www.people.com/people/package/article/0,,20315920_20442733,00.html [Zugriff: 5.12.2010].

Pepels, W. (2006): Produkt- und Preismanagement im Firmenkundengeschäft, Oldenbourg.

Poggenpohl (2010): Poggenpohl; URL: http://www.poggenpohl.de/en/ [Zugriff: 24.12.2010].

Poggenpohl Porsche Design Kitchen (2010): Porsche Design Kitchen; URL: http://www.poggenpohl-porsche-design-kitchen.com/ [Zugriff: 16.11.2010].

Reich, C. (2005): Faszinationskraft von Luxusmarken – Eine empirische Untersuchung der Determinanten der Begehrlichkeit im Hinblick auf Luxusmarken und der resultierenden Wirkung auf die Kaufabsicht, München.

Reitzle, W. (2001): Luxus schafft Wohlstand, Reinbek bei Hamburg.

Riezebos, R. (2003): Brand Management – A Theoretical and Practical Approach, Graningen.

Rimmele, M.; Wildberger, N. (2010): Zwischen Schick und Schock in Asien, Manager Magazin; URL: https://www.manager-magazin.de/unternehmen/handel/0,2828,721950,00.html [Zugriff: 17.10.2010].

Roberto Cavalli (2010): Roberto Cavalli; URL: http://www.robertocavalli.com/en/home.do#/HOMEdonna [Zugriff: 1.12.2010].

Rolex (2010a): Weltweite Präsenz; URL: http://www.rolex.com/de#/world-of-rolex/about-rolex/worldwide-presence [Zugriff: 17.12.2010].

Rolex (2010b): Rolex; URL: http://www.rolex.com/de#/home [Zugriff: 10.12.2010].

Sattler, H.; Völckner, F. (2007): Markenpolitik, 2. Auflage, Stuttgart.

Sauerborn, R. (2005): Who is Who: Lolita Lempicka, Vogue; URL: http://www.vogue.de/articles/who-is-who/designer/lolita-lempicka/2005/03/17/05904 [Zugriff: 5.12.2010].

Sergio Rossi (2010): Collections; URL: http://www.sergiorossi.com/int/en/index.aspx [Zugriff: 2.12.2010].

Shop 2 Porsche (2010): Driver's Selection – Lifestyle; URL: http://shop2.porsche.com/germany/lifestyle/ [Zugriff: 22.12.2010].

Silverman, S. M. (2003): Nicole Kidman the New Face of Chanel, People; URL: http://www.people.com/people/article/0,,627033,00.html [Zugriff: 7.12.2010].

Slogans (2010): Montblanc; URL: http://www.slogans.de/slogans.php?GInput=montblanc&PerSite=10 [Zugriff: 13.12.2010].

Sonnenschein, B. (2010): Eingeweihte unter sich, in: Horizont, Nr. 47, S. 37.

Stolerman, W. (2010): Rolex Sponsoring Shanghai ATP Masters 2010, Luxury Insider; URL: http://www.luxury-insider.com/Current_Affairs/post/2010/09/09/Rolex-Becomes-Title-Sponsor-of-Shanghai-Masters.aspx [Zugriff: 5.12.2010].

Stone, A. (2009): Hugo Boss-Scent of Sienna, Vogue; URL: http://www.vogue.co.uk/beauty/news/090220-hugo-boss-orange-signs-sienna-mille.aspx [Zugriff: 19.11.2010].

Stylecrave (2009): Leidenschaft trifft Lebensfreude mit Sienna Miller; URL: http://stylecrave.de/leidenschaft-trifft-lebensfreunde-mit-sienna-miller/ [Zugriff: 30.11.2010].

TAG Heuer (2010a): Der SLR Chronograph von TAG Heuer und der Mercedes-Benz SLR McLaren; URL: http://www.tagheuer.com/the-collection/concept-watches/slr-chronograph/index.lbl?lang=de [Zugriff: 3.12.2010].

TAG Heuer (2010b): TAG Heuer Boutique; URL: http://www.tagheuer.com/the-brand/contacts-services/retailers/index.lbl [Zugriff: 28.11.2010].

Thomas, T. (2007): Luxus – Statusstreben und demonstratives Konsumverhalten, Marburg

Tiffany (2010): Tiffany & Co.; URL: http://www.tiffany.de/Shopping/Category.aspx?cid=288153&mcat=148207 [Zugriff: 11.12.2010].

Travel Pod (2010): Belvedere Palace; URL: http://www.travelpod.com/travelphoto/mikeg/europe_2005/1130861940/06_img_122 3belwederlazienkipark.jpg/tpod.html [Zugriff: 9.12.2010].

Trendhunter (2009): Gilded Fragrance Models; URL: http://www.trendhunter.com/trends/gilded-celeb-fragrance-campaigns-charlize-theron-for-jadore-leau [Zugriff: 7.12.2010].

Versace (2010): Versace; URL: http://www.versace.com/en [Zugriff: 22.11.2010].

Vigneron, F.; Johnson, L. W. (1999): A Review and a Conceptual Framework of Prestige-Seeking Consumer Behavior, in: Academy of Marketing Science Review, No. 1; URL: http://www.amsreview.org/articles/vigneron01-1999.pdf [Zugriff: 7.12.2010]

Volkswagen AG (2010): Marken und Produkte; URL: http://www.volkswagenag.com/vwag/vwcorp/content/de/brands_and_products.html [Zugriff: 2.12.2010].

Weis, M.; Huber, F. (2000): Der Wert der Markenpersönlichkeit, Wiesbaden.

Who's Who (2010a): Manolo Blahnik; URL:
http://www.whoswho.de/templ/te_bio.php?PID=2612&RID=1 [Zugriff: 8.12.2010].

Who's Who (2010b): Coco Chanel; URL:
http://www.whoswho.de/templ/te_bio.php?PID=453&RID=1 [Zugriff: 16.12.2010]

Who's Who (2010c): Miuccia Prada; URL:
http://www.whoswho.de/templ/te_bio.php?PID=1962&RID=1 [Zugriff: 8.12.2010].

Ysl (2010): Ysl; URL: http://www.ysl.com/ [Zugriff: 10.12.2010].

Ysl-Parfums (2010): Yves Saint Laurent; URL: http://www.ysl-parfums.com/index.jspz
[Zugriff: 2.12.2010].

MARKT-MANAGEMENT

Herausgegeben von Prof. Dr. Axel Eggert †,
Prof. Dr. Wolfgang Müller, Prof. Dr. Jan-Philipp Büchler und Prof. Dr. Konrad Zerr

Band 1   Michael Langer: Service Quality in Tourism. 1997.

Band 2   Katja Bergmann: Angewandtes Kundenbindungs-Management. 1998.

Band 3   Axel Eggert: Kulanzmanagement in der Kfz-Industrie. 2002.

Band 4   Konrad Zerr / Brigitte Gaiser / Dominik Decker: Die Rolle des Marketing bei der Entwicklung und Vermarktung von Dienstleistungen. Ergebnisse einer empirischen Studie zur Untersuchung von Erfolgsfaktoren für Dienstleistungsinnovationen. 2003.

Band 5   Axel Eggert / Melanie Vockeroth: The Saxophone in Advertising. 2003.

Band 6   Karsten Grimmel: Wettbewerbsvorteilsmanagement durch kundenindividuelle Massenproduktion. 2007.

Band 7   Sven Reiß: Quantitative Marketing Modelle. 2008.

Band 8   Tobias Meffert: Strategisches Preismanagement. 2010.

Band 9   Susanna Wassel: Management von Luxusmarken. Konzeption und Best Practices. 2013.

www.peterlang.de